UMA INCRÍVEL HISTÓRIA *do* HOMEM

LEIA TAMBÉM:

Células-tronco – Jonathan Slack
Evolução – Brian e Deborah Charlesworth
História da vida – Michael J. Benton
Pré-história – Chris Gosden
Sapiens: uma breve história da humanidade – Yuval Noah Harari
Viagem de um naturalista ao redor do mundo v. 1 – Charles Darwin
Viagem de um naturalista ao redor do mundo v. 2 – Charles Darwin

Organização de
ÉVELYNE HEYER

UMA INCRÍVEL HISTÓRIA *do* HOMEM

Tradução de Julia da Rosa Simões

Texto de acordo com a nova ortografia.
Título original: *Une belle histoire de l'Homme*

Cet ouvrage, publié dans le cadre du Programme d'Aide à la Publication 2018 Carlos Drummond de Andrade de l'Institut Français du Brésil, bénéficie du soutien du Ministère de l'Europe et des Affaires Etrangères.

Este livro, publicado no âmbito do Programa de Apoio à Publicação 2018 Carlos Drummond de Andrade do Instituto Francês do Brasil, contou com o apoio do Ministério da Europa e das Relações Exteriores.

Tradução: Julia da Rosa Simões
Capa: Ivan Pinheiro Machado. *Foto*: iStock
Preparação: Mariana Donner da Costa
Revisão: Patrícia Yurgel

CIP-Brasil. Catalogação na publicação
Sindicato Nacional dos Editores de Livros, RJ.

B37

    Uma incrível história do Homem / organização Évelyne Heyer; tradução de Julia da Rosa Simões. – 1. ed. – Porto Alegre [RS]: L&PM, 2019.
    252 p. : il. ; 21 cm.

    Tradução de: *Une belle histoire de l'Homme*
    ISBN 978-85-254-3862-1

    1. Evolução humana. 2. Homem pré-histórico. 3. Sociedades primitivas. I. Heyer, Évelyne. II. Simões, Julia da Rosa.

19-56699   CDD: 576.8
                         CDU: 575.89

Vanessa Mafra Xavier Salgado - Bibliotecária - CRB-7/6644

© Éditions Flammarion, Paris, 2015 and 2017

Todos os direitos desta edição reservados a L&PM Editores
Rua Comendador Coruja, 314, loja 9 – Floresta – 90220-180
Porto Alegre – RS – Brasil / Fone: 51.3225.5777

P‌edidos & D‌epto. C‌omercial: vendas@lpm.com.br
F‌ale conosco: info@lpm.com.br
www.lpm.com.br

Impresso no Brasil
Inverno de 2019

Sumário

Prefácio – *Yves Coppens*..9

1 – Quem somos? 13
   O macaco é um Homem como os outros?......................15
   O Homem é uma espécie evoluída como outra qualquer?.. 18
   Como categorizar os seres vivos e datar os órgãos?...........22
   Por que o parto é tão perigoso? 26
   Por que temos um cérebro empático?.....................................29
   Para que serve a natureza?...32
   As aves daqui são as mesmas aves de lá?..............................35
   Por que somos diferentes?...38
   Podemos ver nossas diferenças genéticas?...........................41
   Somos todos primos? Os ancestrais que nos unem 45
   Como são transmitidas as características biológicas? 48
   Como a cultura age em nossa evolução? 51
   Como as crianças são geradas?..54
   Como a morte é experimentada?..59
   Os laços de parentesco são os mesmos em toda parte? 63
   Por que os homens são mais altos do que as mulheres?
      O impacto do gênero 68
   Por que os amuletos são eficazes?..71
   Por que somos os únicos a falar?...74
   Por que falamos do jeito que falamos? 77
   Por que a música é universal e tão diversificada? 80
   O outro, eterno estranho ou objeto de curiosidade?...........83
   Como definir o Homem?..86

2 – DE ONDE VIEMOS? 89
   Quem foi o primeiro representante
      da linhagem humana? 91
   Quem foram os primeiros *Homo*? 95
   Como foi a grande história do gênero *Homo* até chegar ao
      sapiens? 98
   Como interpretar a impressionante variedade de espécies
      humanas? 104
   As primeiras ferramentas: quando, onde, quem? 109
   Desde quando o Homem utiliza o fogo? 112
   Quem foi o primeiro a sair da África? 115
   Neandertal: mais ou menos inteligente do que *sapiens*? ... 119
   O que nos revela o DNA do Homem de Neandertal? 123
   Como os pesquisadores fazem para calcular o tempo? 126
   Quem foi o primeiro *Homo sapiens*? 129
   O *Homo sapiens* e a conquista do mundo: quando, como,
      por quê? 132
   Por que Cristóvão Colombo não descobriu a América? .. 136
   O Homem é violento desde sempre? 140
   A arte pré-histórica só representava animais? 143
   O que dizem os esqueletos neolíticos sobre o corpo e a
      saúde dos primeiros agricultores? 146
   Como nos tornamos agricultores-criadores? 149
   O que são animais ou plantas domésticos? 152
   Por que não somos mais caçadores-coletores? 155
   As aldeias do Neolítico inventaram o poder e a
      dominação? 158
   Lucy caminhava como nós? 161
   Como saber para que serviam as ferramentas
      pré-históricas? 164
   Como definir uma nova "espécie" a partir de uma
      falange? 167
   Quais são as novas técnicas de escavação arqueológica? .. 171
   Como analisar os achados arqueológicos? 174

3 – Para onde vamos? 177
    Como chegamos a esse mundo globalizado e
        antropizado?...179
    Existe uma natureza virgem? 182
    Sete bilhões de seres humanos hoje, quantos amanhã?....185
    O que é uma pegada ambiental? 189
    Por que as atividades humanas levam ao desaparecimento
        das espécies? 192
    O *Homo turisticus* é um benfeitor? 195
    A expansão de nossos modos de vida chegou ao limite?..198
    Somos todos mestiços? 201
    Devemos intensificar a agricultura ou passar para a
        agroecologia? 205
    Desenvolvimento sustentável ou
        desenvolvimento humano? 208
    Como seremos (ou não) no futuro? 212
    Devemos escolher nossos embriões? 215
    O Homem de amanhã será um homem aumentado? 218

Anexos 221
    Bibliografia...223
    Os autores 237

Índice remissivo 243

Agradecimentos...247

Créditos das imagens...249

Prefácio

Era uma vez um professor do Museu Nacional de História Natural de Paris que lecionava no Jardin des Plantes (seu quartel-general, prosaicamente falando, herdeiro do antigo Jardim Real de Plantas Medicinais) a bela ciência da antropologia, o estudo do Homem. Embora ali não houvesse uma verdadeira sucessão de cadeiras, como na Academia Francesa, podemos dizer que sua cátedra descendia da Demonstração de Anatomia e Cirurgia, ocupada por Marin Cureau de la Chambre (1594-1669) e criada para esse "colega" em 1635, apenas dois anos depois da fundação da grande instituição por Luís XIII, a conselho de seu médico "ordinário", Guy de la Brosse. Esse professor de antropologia se chamava Paul Rivet.

Cheio de entusiasmo e paixão, extremamente ativo (inclusive em política), ele logo quis ampliar seu campo de estudo. Ponderando, com toda razão, que o estudo do Homem era o estudo de todos os Homens, de suas características físicas (antropologia física ou biológica), mas também de suas especificidades culturais (antropologia cultural ou social), interessou-se pelas coleções do antigo Museu de Etnografia do Trocadéro e instalou sua cátedra no prédio recém-finalizado para a Exposição Universal de 1937, que acabava de fechar as portas, o Palais de Chaillot (mais exatamente, na ala Passy). Para lá levou suas coleções do Jardin des Plantes, reuniu-as às coleções do museu de etnografia e deu à nova casa o nome, absolutamente justificado e muito bem escolhido por sua singularidade e nobreza, de Museu do Homem – que foi criado em 1937 e oficialmente aberto em 1938. O Museu do Homem abrigava, portanto, a cátedra de antropologia do Museu Nacional de História Natural, que se tornou cátedra de Etnologia dos Homens Modernos e Fósseis, mas ainda se mantinha ligado à instituição-mãe do outro lado do rio.

E o Museu do Homem cresceu em pesquisas, coleções, exposições e reputação, a ponto de seu nome ser celebrado no mundo inteiro, superando o do Museu de História Natural, mais comum porque mais compartilhado.

Mas o objetivo deste prefácio não é fazer um histórico da instituição (o que será feito em outro momento); vamos passar por cima de uns bons sessenta anos de múltiplas peripécias, portanto, para mencionar uma nova revolução que, dessa vez, levou a uma divisão das coleções. O presidente Chirac, fascinado, com razão, pela cultura dos outros povos, teve a ideia de fundir as coleções de etnografia do Museu do Homem às do Museu de Artes da África e da Oceania (da Porte Dorée) e construir-lhes uma casa sob medida chamada Museu do Quai Branly.

Apesar dos transtornos causados por tal iniciativa, a junção foi benéfica para as duas instituições, que ficam quase frente a frente, uma de cada lado do "Rubicão". Assistiu-se com entusiasmo à criação da casa da margem esquerda, muito bonita com sua arquitetura coberta de vegetação, e à recuperação, modernização, renovação e reformulação da casa da margem direita. Ficou decidido que o Museu do Homem continuaria sendo o Museu do Homem, que permaneceria ligado às suas raízes naturalistas do Museu Nacional de História Natural, e que ofereceria aos pesquisadores, museólogos e visitantes uma instituição nova, que se aprofundaria na história dos povos do passado e se projetaria corajosamente na direção dos povos do futuro – um renascimento sensato, inteligente, acolhedor, sedutor, acessível.

Devemos essa iniciativa a uma verdadeira vontade de reconstrução, que se sucedeu não a uma destruição, mas ainda assim a um certo desmantelamento traumático, graças a atores de vários níveis que a este texto não cabe citar (o que lamento); entre esses atores, porém, devo no entanto mencionar Évelyne Heyer, grande dama da ciência que tomou a corajosa iniciativa, sob a favorável responsabilidade de Cécile Aufaure, grande dama do patrimônio, de produzir um livro para celebrar essa "inauguração", um monumento à erudição, cheio de imagens, acessível a todos. Em suma, *Uma incrível história do Homem* que você tem nas mãos, e que por certo tempo recebeu o estranho título de *O Homem em 60 perguntas* – e não me pergunte por que 60!

Logo depois desse pequeno tira-gosto, você lerá as 60 respostas, assinadas pelos melhores especialistas do ramo. Seria inconveniente apresentar o livro resumindo-o; saiba, porém, que fará um belo passeio pela maneira como o Homem se enraíza no animal e se diferencia dele, por seu pertencimento a esse patrimônio terrestre extraordinário e único, conteúdo daquilo que chamamos de biosfera; um passeio pela diversidade biológica e cultural dos seres humanos e pela influência de uma sobre a outra; pelas sociedades, sem as quais não seríamos o que somos, e pela variedade de suas respostas às perguntas comuns a todas elas; pela História do Homem (e de suas sociedades, é claro), que emerge das profundezas do tempo, e pela maneira como ele se adaptou, diversificou e depois se dispersou pelo planeta, pelo desenvolvimento magistral de sua demografia, de sua tecnologia, de suas facetas cognitivas, intelectuais, estéticas, éticas, espirituais e das relações entre elas, e também um passeio por nossas técnicas científicas para decifrar com prudência tudo o que se conta aqui.

Você a seguir verá a Terra, que depois de ter-se mineralizado e biologizado, se antropiza, e verá que a Humanidade se esforça para ter acesso ao infinitamente grande (na tentativa de compreender um pouco melhor o Universo) e ao infinitamente pequeno (com a invenção das nanotecnologias) e, para utilizá-los, você a verá multiplicar as próteses, os organismos geneticamente modificados (os OGM, que já têm dez mil anos) e questionar-se sobre as futuras manipulações aplicáveis ao Homem, com todos os problemas que isso representa e continuará representando. Você descobrirá tudo o que se sabe sobre o passado, a maneira como este nos permite situar-nos melhor no presente e, depois dessas perspetivas, uma bela tentativa de prospectiva. Tenho certeza de que, como eu, ficará ávido por conhecer o Homem, seu gênio, suas explicações para o mundo há 3 milhões de anos, todas igualmente respeitáveis, suas perigosas manias de predação e competição, mas também suas incríveis descobertas e perturbadoras invenções, de uma audácia que seria errôneo deter. A Humanidade, embora ligada à biologia e, consequentemente, às leis da vida, pela primeira vez em 14 bilhões de anos vive seu período mais livre, mas não deixa de ser responsável por essa liberdade e por seu destino.

Tenho certeza de que Paul Rivet ficaria encantando de ver esse renascimento e de visitar o novo Museu do Homem. Saudemos o trabalho conduzido com método e determinação há cinco ou seis anos por todos os artífices desse monumento à Ciência e ao Homem, oferecido aos Homens de hoje, a todos os Homens.

Yves Coppens*

---

* As biografias dos autores encontram-se ao final do livro, a partir da página 237. (N.E.)

1
Quem somos?

Tema amplo, que abrange questões de ordem biológica e cultural. O Homem de fato se inscreve tanto na evolução do mundo vivo quanto na história social, que interagem. O resultado dessa interação é nossa inevitável vida social, nossa diversidade biológica e genética, bem como nossa diversidade cultural. Capacidades cognitivas, modos de vida, línguas, percepções e representações da natureza, dos sexos etc. são elementos que fazem do Homem, de nós, do Outro, um objeto de curiosidade.

O macaco é um Homem como os outros?

Mais de trezentos anos depois da primeira dissecação de um chimpanzé na Europa, ainda nos interrogamos sobre o estatuto dos grandes símios, nossos parentes próximos.

O Homem é uma das trezentas espécies de primatas que hoje vivem na Terra. Nós o definimos como um bípede dotado de cultura, que fabrica e utiliza ferramentas, sendo capaz de empatia e emoções. Mas os chimpanzés às vezes também se deslocam sobre os dois pés, fazem e utilizam ferramentas em seu ambiente natural; além disso, os pesquisadores veem em seu comportamento provas de cultura e indícios de empatia. O que torna o Homem único? Ou melhor, pergunta mais impertinente e mais interessante: o chimpanzé não seria um Homem como os outros?

Que macaco, que homem?

O grupo dos primatas reúne os prossímios (como os lêmures), os símios (que têm rabo, como os macacos) e os "grandes símios" (que não têm rabo, como os gibões, siamangs e hominídeos). A família dos hominídeos é constituída por duas espécies de orangotangos, duas espécies de gorilas e duas espécies de chimpanzés. Os chimpanzés (chimpanzé-comum, *Pan troglodytes*, e bonobo, *Pan paniscus*) são os primatas não humanos mais próximos do Homem nos planos genético e comportamental. Mas estamos falando do Homem atual, *Homo sapiens*, único representante da humanidade contemporânea? Dos Homens, representantes do gênero *Homo* (como o *Homo habilis* e o *Homo erectus*)? Ou ainda dos representantes mais antigos da linhagem humana, como os australopitecos e outros hominídeos fósseis?

A pergunta "o chimpanzé é um Homem como os outros?" nos leva a considerar a proposta de pesquisadores norte-americanos (Morris Goodman e seus colegas) que, em 2003, sugeriram renomear o chimpanzé de *Homo troglodytes* e o bonobo de *Homo paniscus*.

A ferramenta não faz o Homem

Embora os símios (os *capucinus* na América) e os grandes símios (na África e na Ásia) construam ferramentas, sua fabricação é sumária, e o aprendizado de seu uso raramente é ativo. Os chimpanzés, por exemplo, selecionam as pedras em função de suas características físicas (peso, material, tamanho etc.) para utilizá-las como martelos, bigornas e cunhas, e são necessários vários anos para que um jovem chimpanzé domine o processo de quebrar.

Esses comportamentos, que não são determinados nem pelo meio ambiente nem pela genética, são considerados culturais. Para cortejar uma fêmea, por exemplo, os machos de uma comunidade cortam folhas, e os de uma comunidade vizinha se chocam contra troncos de árvores. Esses comportamentos culturais, transmitidos socialmente, também podem ser não materiais.

Um chimpanzé muito humano

Outras características, consideradas próprias ao Homem, são na verdade compartilhadas com o chimpanzé. A bipedia, por exemplo (ou melhor, as bipedias), sobretudo a bipedia arborícola assistida, é praticada pelos grandes símios. Embora o chimpanzé não tenha uma linguagem articulada por razões anatômicas (a posição da laringe), em cativeiro alguns representantes da espécie foram capazes de aprender rudimentos da língua de sinais e utilizar lexigramas para se comunicar com os Homens ou mesmo com seus congêneres. O chimpanzé também tem uma memória de trabalho imediata que supera a do Homem. O teste de Gallup mostra que ele tem consciência de si mesmo: ao ver em seu reflexo algo colorido, colocado sobre sua cabeça pelo pesquisador, ele o explora. O chimpanzé também parece capaz de empatia, ou seja, de compreender as emoções de um congênere, e até mesmo de certo altruísmo.

Homem e chimpanzé, um futuro comum?

Em 2015, a Suprema Corte de Nova York reconheceu a dois chimpanzés o direito de se beneficiarem de um julgamento para determinar se sua detenção pela Universidade Stony Brook era abusiva. Na França, em 28 de janeiro de 2015, a Assembleia Nacional reconheceu os animais como seres vivos dotados de sensibilidade. Mas os chimpanzés continuam sendo exibidos em circos; no mundo, continuam sendo caçados, comidos, tendo seus filhotes vendidos como animais de estimação e seu habitat destruído num ritmo infernal.

Não, o chimpanzé não é um Homem como os outros. Enquanto nossa espécie está em constante crescimento demográfico, ele aos poucos desaparece... em meio à quase indiferença.

Sabrina Krief

O Homem é uma espécie evoluída como outra qualquer?

O Homem às vezes é apresentado como o fim da evolução, ou como a espécie mais evoluída do mundo vivo. Isso é inexato, saiba por quê.

Como os milhões de outras espécies, a espécie humana provém de um longo fluxo de gerações, ou genealogia, cuja forma teórica é bem conhecida. Quando buscamos uma representação mental desse fluxo, a imagem que nos vem à mente é a da árvore. Nessa árvore, todas as espécies de uma dada época, inclusive o Homem, descendem de um fluxo genealógico, em outras palavras, de uma evolução, de mesma duração desde as origens da vida.

Fluxos contínuos de espécies

Esse fluxo genealógico, é claro, dividiu-se em direções diferentes. Mas cada fluxo geracional, ou linhagem, que segue numa direção, como o dos pássaros ou o dos hominídeos, é contínuo: ele forma um ramo mais ou menos extenso da árvore. As espécies, por sua vez, são pedaços delimitados desses ramos, pedaços abstratos que posicionamos numa linhagem.

Por que precisamos da noção de espécie? Porque não podemos falar da natureza dando um nome a cada indivíduo! Precisamos de palavras de alcance mais amplo, que designem grupos de indivíduos. Essas palavras costumam ser em latim, para que sejam compreendidas no mundo todo. Elas designam um fragmento unitário de um fluxo de gerações, não cindido,

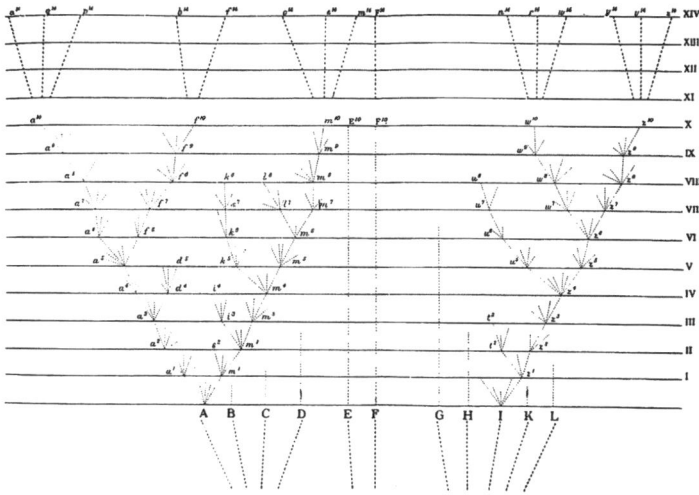

Na genealogia teórica de Charles Darwin (1859), todas as espécies contemporâneas estão no topo.

separado dos vizinhos por uma barreira à reprodução: uma espécie, portanto. Quando esta se cinde, inventamos novos nomes de espécies para designar os ramos filhos. Em suma, os indivíduos que dizemos ser da mesma "espécie" são definidos pelo fato de produzirem uma descendência fértil.

Mais evoluído do que eu, você morre

Uma primeira lição: como o tempo de evolução do qual resulta a linhagem que sustenta cada espécie de uma mesma época é o mesmo, não há espécies "mais" ou "menos" evoluídas do que as outras. Essa ideia vinha de uma época em que os grupos de organismos eram meramente empilhados, sendo os de baixo os menos complexos e chamados de "menos evoluídos", e os de cima os mais complexos e definidos como "mais evoluídos".

Na verdade, não se deve confundir "quantidade de evolução" com "complexidade". Pois embora o surgimento de um organismo qualificado de "complexo", como o Homem, provavelmente tenha exigido mudanças evolutivas desde as origens da vida, o inverso não é verdadeiro: organismos "pouco complexos" podem evoluir muito rápido no plano genético. Isso aumenta de maneira fenomenal a quantidade de evolução que suas populações sofrem ao longo de toda a genealogia, mas eles não guardam vestígios dela no âmbito de sua arquitetura.

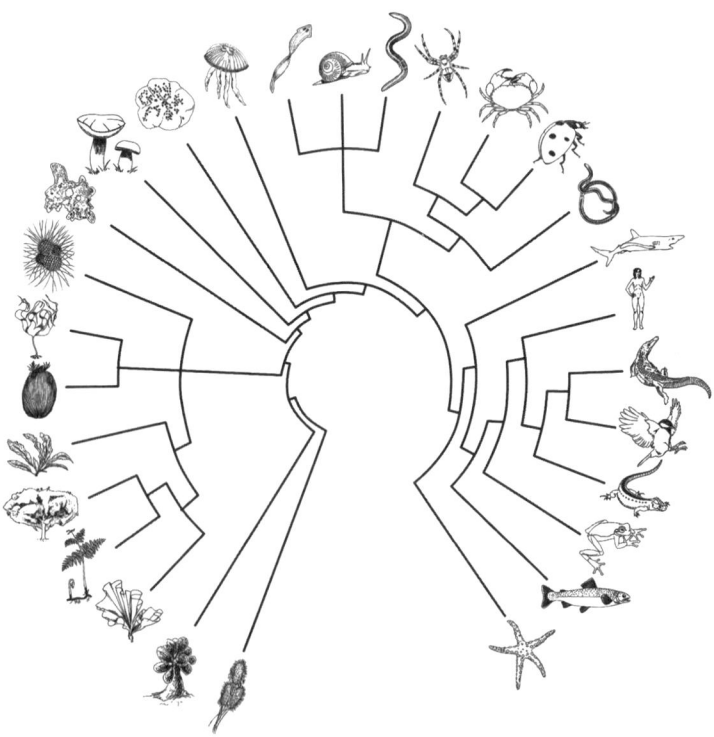

Na árvore de parentesco do mundo vivo, todas as espécies de hoje têm o mesmo tempo de linhagem desde as origens da vida.

Além disso, não sabemos medir o que chamamos de "complexidade", que é uma noção em mosaico: o cérebro de um humano é mais complexo do que um cérebro de vaca ou de tamanduá, mas, em contrapartida, o estômago da vaca ou do tamanduá são mais complexos do que o estômago humano.

O homem é estudado como qualquer outra espécie!

Além disso, quando os cientistas tentam reconstituir parcialmente essa genealogia, isto é, elucidar os graus relativos de parentesco entre as espécies, o Homem não é analisado de maneira diferente das outras espécies. Seu estatuto é o mesmo: os cientistas descrevem, comparam e analisam sua anatomia, seus genes e suas capacidades da mesma forma que fazem com qualquer outra espécie. É nesse sentido que dizemos que o Homem é uma espécie "como outra qualquer": nossa maneira de analisá-lo cientificamente não difere da empregada para estudar uma espécie de formiga ou de pardal.

É preciso entender que a frase "o Homem é uma espécie como outra qualquer" tem um alcance exclusivamente metodológico. A ciência não diz que "a vida de um Homem tem o mesmo valor que a vida de uma minhoca", pois ela não é prescritiva em termos valorativos! O objetivo dos cientistas, coletivamente organizados numa profissão, é explicar racionalmente o mundo real. Os valores são decididos em outro lugar, na arena cidadã.

Guillaume Lecointre

Como categorizar os seres vivos e datar os órgãos?

A classificação moderna do mundo vivo remonta a Charles Darwin. Ela define os órgãos que temos e, através deles, aquilo que somos: seres resultantes de uma longa evolução.

Numa cozinha, um ouriço é um "fruto do mar", ao lado da ostra e do caranguejo. Num laboratório de zoologia, é um equinodermo, ao lado do pepino-do-mar e da estrela-do-mar. Esta última, porém, não é um "fruto do mar". E o caranguejo, por sua vez, não é um equinodermo. Num laboratório de ecologia, o ouriço faz parte do "bentos", ao lado dos anelídeos poliquetas escavadores de sedimentos. Mas estes últimos não são nem equinodermos nem frutos do mar!

Nossas categorias têm diferentes especificações

Há milhares de maneiras de ordenar o mundo real em categorias. No entanto, como podemos ver pelos exemplos anteriores, as categorias não se misturam, mesmo quando designam um mesmo organismo. Isso acontece porque toda classificação tem uma intenção, uma "especificação" para seu objeto: o que devem dizer as categorias? Elas podem agrupar os organismos em função da maneira como os seres humanos os utilizam. "Frutos do mar", por exemplo, é uma categoria criada para designar uma paleta gustativa. Não é qualquer vinho que pode acompanhar um prato de frutos do mar. "Bentos", "fitoplâncton" e "produtores primários" são categorias que designam o que os organismos *fazem*. "Equinodermos", "mamíferos" e "primatas" são categorias que designam o que os organismos *têm*. Falamos, às vezes sem perceber, de três especificações diferentes.

Categorizar é necessário para comunicar e, portanto, para nos entendermos. Mas toda classificação é arbitrária; o importante é concordar a respeito daquilo que as categorias designam, e não as fazer dizer o que elas não dizem. A classificação moderna em ciências naturais – a classificação da sistemática – tem especificações convencionadas em 1859, no capítulo 13 de *A origem das espécies*, de Charles Darwin: ela deve falar de genealogia, ou seja, de ancestrais comuns. Uma categoria deverá conter indivíduos e espécies aparentadas entre si. É por isso que as ciências naturais classificam o que os organismos *têm*, e não o que eles fazem ou onde habitam etc.

Encontrar as características comuns

De fato, podemos ver que os chimpanzés se parecem conosco mais do que os cães, e que os cães se parecem mais conosco do que as minhocas. Essas similitudes se devem a órgãos comparáveis e às vezes muito parecidos. Não podemos procriar com os chimpanzés, mas compartilhamos algumas características com eles, como o polegar opositor. Essa semelhança vem de uma época em que nossos respectivos ancestrais podiam procriar um com o outro. Nós a herdamos deles.

Analisar as características compartilhadas (órgãos, sequências de DNA, comportamentos etc.) entre espécies não serve apenas para classificar: torna-se possível percorrer a história de nossos órgãos comparando-os com órgãos semelhantes em todo o mundo vivo. Quanto mais amplamente distribuído um órgão, mais chances ele tem de ter surgido há mais tempo.

Nossa anatomia tem uma história

Existem pouco mais de 52 mil espécies providas de crânio, por exemplo, característica que compartilhamos com as trutas, as rãs, as galinhas e os chimpanzés, para citar apenas algumas. Entre os organismos com crânio, existem 20 mil dotados de úmero e fêmur. Compartilhamos esses ossos com as rãs, as galinhas e os chimpanzés. Entre essas espécies, trezentas têm o polegar opositor.

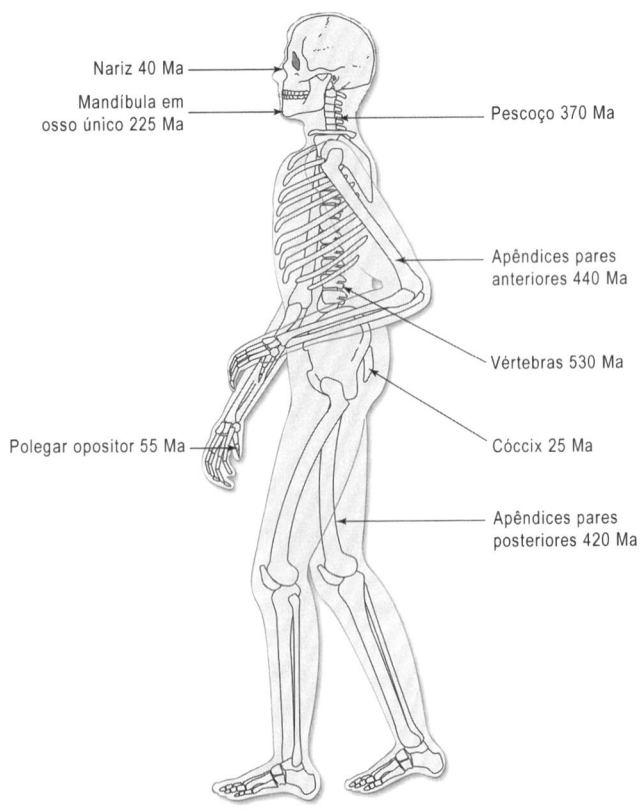

Toda a anatomia humana pode ser datada na árvore evolutiva (em Ma: milhões de anos). Além das características aqui indicadas, os dedos têm 380 Ma, a posição vertical tem 7 Ma e o cérebro atingiu um volume superior a mil centímetros cúbicos há 500 mil anos.

A história dos seres vivos, reconstituída graças às filogenias e aos fósseis, nos mostra que toda a nossa anatomia tem uma história. O crânio surgiu nos animais há 530 milhões de anos, os úmeros e os fêmures há 410 milhões de anos, e o polegar opositor há 55 milhões de anos (Ma). Nossa história paleontológica também é a história de nossos órgãos!

Guillaume Lecointre

Por que o parto é tão perigoso?

Nascer é um trauma, costuma-se dizer. Talvez para a criança, mas com frequência também para a mãe, que pode perder a vida. Como isso se explica?

Segundo a Organização Mundial da Saúde (OMS), oitocentas mulheres morrem a cada dia no mundo devido a complicações ligadas à gravidez ou ao parto, muitas vezes de hemorragia. Na França, fala-se em cerca de sessenta mulheres... mas por ano. Apesar de a medicina moderna ter reduzido os riscos do parto, ele inegavelmente é mais complicado, dolorido e perigoso para nossa espécie do que para nossos primos, os grandes símios. O que aconteceu na evolução humana para que dar à vida possa levar à morte?

Uma história da anatomia em duas partes

Há cerca de 7 milhões de anos, nossos ancestrais se levantaram e começaram a caminhar sobre os dois pés. Esse fato foi acompanhado por uma mudança na forma do osso da bacia, a fim de suportar e equilibrar todo o peso da parte de cima do corpo. Ao observar os esqueletos fósseis, constatamos que o osso da bacia se modificava à medida que a bipedia se aperfeiçoava, fechando-se em torno de um canal pélvico que se tornava mais estreito. Ora, é por esse canal que o recém-nascido passa durante o parto!

Essa passagem seria simples se o tamanho da cabeça fosse menor que o do canal. Mas isso não acontece mais entre os seres humanos. De fato, conforme revelado pelos fósseis, o crânio e o cérebro vêm crescendo desde os australopitecos, e cada vez mais rápido a partir dos primeiros Homens (*Homo habilis*, *Homo erectus* etc.). Resulta disso um problema mecânico muito prosaico: como fazer uma grande cabeça de bebê passar por um canal menor do que ela durante o parto?

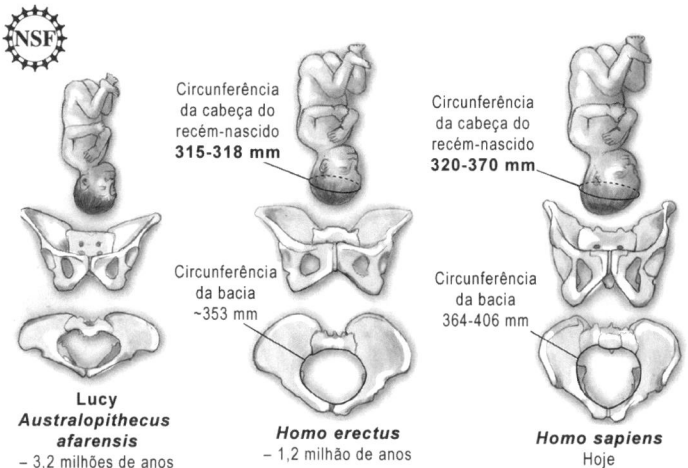

O tamanho da cabeça do recém-nascido está bem adaptado às dimensões do canal pélvico em Lucy, uma australopiteca (*Australopithecus afarensis*, 3,2 milhões de anos) e também no *Homo erectus*. Mas não exatamente no caso do Homem!

A mãe ou a criança?

Por trás desse problema mecânico esconde-se um terrível dilema evolutivo: que vida favorecer, a da mãe ou a da criança? Ou a criança nasce mais cedo com um cérebro menor e o parto é simples, mas, em contrapartida, o recém-nascido é mais imaturo e frágil; ou o nascimento é mais tardio e o bebê é menos imaturo e mais robusto, mas sua passagem pelo canal pélvico é difícil, e o parto, perigoso para a mãe.

Como costuma acontecer, a evolução encontrou um meio-termo. A criança humana nasce menor e mais imatura do que os recém-nascidos dos grandes símios. Como seu cérebro é maior do que o deles, ficar mais tempo no ventre materno seria condenar-se a nunca conseguir sair! Os ossos de seu crânio não estão totalmente unidos e, por isso, podem deformar-se durante o parto. O bebê é incapaz de controlar os braços e as pernas ou de ver claramente ao redor. Ele é muito sensível às doenças infecciosas. Antes da medicina moderna, cerca de um a cada cinco bebês morria antes de um ano. Trata-se de uma imaturidade muito custosa, portanto.

As mães, por sua vez, vivem um parto doloroso, em que a menor complicação (hemorragia, infecção etc.) pode ser fatal. Que sentido pode ter um meio-termo tão cheio de consequências, tanto para a mãe quanto para a criança?

Um defeito ou um trunfo?

Foi Henri Wallon (1879-1962), psicólogo francês multifacetado, quem talvez tenha encontrado a resposta para essa pergunta, na década de 1940. Ele sugeriu que a "fragilidade nativa" e a "incapacidade de sobrevivência sem o auxílio do outro" do bebê humano poderiam ser paradoxalmente benéficas: elas o obrigam a desenvolver com muita precocidade "relações de sociabilidade". A imaturidade do recém-nascido estaria, portanto, na origem de nossas capacidades cognitivas, linguísticas e sociais. Essa hipótese vem sendo explorada graças às técnicas extremamente sofisticadas das neurociências.

Essa ideia explicaria por que o crescimento do cérebro humano foi selecionado em alguns de nossos ancestrais, apesar da mortalidade materna e infantil à qual está associado. Sociabilidade e linguagem também permitem que as mães humanas sejam ajudadas por outras mulheres na provação do parto. Nesse sentido, a mais antiga profissão do mundo talvez seja a de parteira...

Samuel Pavard

Por que temos um cérebro empático?

O cérebro é fruto de uma elaborada modelagem de circuitos nervosos. Como as trocas sociais próprias aos homens moldaram o nosso?

O cérebro é uma caixa-preta, afirmam alguns. Não exatamente! Hoje sabemos, com riqueza de detalhes, como ele se forma em cada indivíduo. No auge dessa formação, ou seja, entre dez e dezesseis semanas depois da concepção do embrião, cerca de 250 mil neurônios são produzidos por minuto. Ao nascer, o cérebro conta com 20 bilhões de neurônios e, vinte anos depois, 86 bilhões.

O nascimento do cérebro "social"

Segundo as teorias biológicas contemporâneas, o ambiente social contribuiu para a transformação do cérebro dos mamíferos e das diferentes espécies de Homens. Assim, a organização do cérebro humano seria o fruto da adaptação a grupos de tamanho crescente cuja perenidade dependeria de relações sociais como o parentesco, o pertencimento ou a hierarquia.

Esse cérebro "social" geraria nossos comportamentos de sobrevivência mais elementares, como o acesso à comida, a parceiros sexuais, à formação de alianças etc. Mas segundo qual princípio a construção do cérebro humano teria se tornado sensível ao ambiente social?

O elogio da lentidão

No século XVII, o filósofo inglês John Locke (1632-1704) acreditava que a longa juventude do homem lhe conferia superioridade sobre o animal. A lentidão do desenvolvimento humano – ou neotenia – teria favorecido o surgimento de importantes funções mentais como a linguagem, o compartilhamento de julgamentos morais e a formação de sociedades. É à luz desse princípio que podemos compreender o pensamento do humanista holandês Erasmo de Roterdã: "Não nascemos humanos, nos tornamos humanos".

O crescimento lento de nosso cérebro cria, portanto, um período em que as trocas sociais guiam a formação dos circuitos cerebrais: o cérebro recebe sinais sociais como a palavra e os imita. Essa lentidão também leva a uma duração maior dos cuidados parentais e a vínculos mais duradouros entre os adultos que participam dessa educação "mutualizada". A transmissão genética das características da espécie é então completada por uma nova ordem em que domina a transmissão social, cultural e tecnológica.

Assim, o cérebro neotênico da criança e do adolescente é receptivo à inscrição do mundo que o cerca em seus próprios circuitos, mesmo após vários anos depois do nascimento, desde que corretamente estimulado por relações cheias de afeto. Foi a esse preço que as funções cognitivas, como a linguagem ou o pensamento simbólico, surgiram ao longo da história evolutiva do *Homo sapiens*. Elas permitiram um imenso salto qualitativo: o compartilhamento das emoções, ou empatia.

Empatia e emoções morais

A empatia não nos é própria, mas sua associação com a linguagem, a memória, a consciência e as capacidades metacognitivas (ou seja, ser capaz de pensar "eu sei que você sabe") lhe confere um papel particular no *Homo sapiens* – para o bem e para o mal. No homem, a empatia é a base sobre a qual se desenvolvem as emoções morais como a culpa e o remorso, mas ela também permite manipular e torturar o outro.

Porque sua construção é muito dependente das interações sociais, nosso cérebro se alimenta do *outro*. Ele é capaz de entrar em ressonância com as intenções e as emoções do outro. A descoberta de certas regiões cerebrais que se ativam tanto quando projetamos uma ação quanto quando observamos nossos semelhantes mostra que somos capazes de decifrar as ações dos outros, que podemos nos apropriar de suas intenções. É a vontade do outro que acaba ecoando em nós.

Em suma, ouvir talvez seja o mais belo presente que possamos dar a alguém. Como diz o provérbio persa: "Se temos dois ouvidos e uma boca, é para ouvirmos duas vezes mais do que falamos".

Pierre-Marie Lledo

Para que serve a natureza?

Para além de suas funções utilitárias para as sociedades humanas, a natureza tem algum outro valor?

Mais da metade dos seres humanos vive em cidades, quase totalmente desconectados do mundo natural. Para os citadinos, a natureza se tornou abstrata e distante, até mesmo supérflua. Sua conservação lhes parece contrária às necessidades da vida cotidiana!

No sentido estrito, a natureza "não serve para nada": ela é, apenas isso. E o Homem faz parte dela, como toda espécie viva que interaja com seu meio ambiente. Por outro lado, ele utiliza a natureza em todos os aspectos de sua vida. Uma grande variedade de atividades econômicas se baseia na utilização da biodiversidade. Muitas ainda são praticadas por caçadores-coletores, pescadores especializados, criadores extensivos ou nômades e, é claro, por agricultores. Essa infinita plasticidade técnica e ecológica da espécie humana foi chamada de "adaptação".

Até onde utilizar a natureza?

Plantas, animais e minerais fornecem as matérias-primas utilizadas nas ferramentas e nas construções. Todos os alimentos provêm da biodiversidade, espontânea ou cultivada. Esta também fornece moléculas químicas e bases medicinais, além de corantes, taninos, entorpecentes...

Mais globalmente falando, é na captação dos processos naturais que se baseia a agricultura, que leva à formação de ecossistemas "domesticados". O solo é o substrato necessário, mas são os organismos que vivem nele, esses minúsculos engenheiros chamados de bactérias, artrópodes, minhocas etc. que o transformam e permitem a nutrição das plantas cultivadas. E são os insetos voadores e polinizadores que fecundam as flores, processo necessário à formação dos frutos.

Os serviços ecossistêmicos

Os ecossistemas, em sua complexidade, são portanto os suportes da vida humana. Em 2005, as Nações Unidas chamaram de "serviços ecossistêmicos" os aportes vitais dos ambientes naturais, a fim de fazer os responsáveis por decisões políticas compreenderem que a destruição da natureza tem um custo econômico. Na mesma tendência utilitarista – em que a natureza só teria valor porque é rica em recursos, não teria valor em si –, a natureza é igualmente inspiradora para a indústria; ela fornece ideias que são traduzidas em criações técnicas: a biônica, por exemplo, tenta criar robôs que ajudem o Homem, a partir de modelos vivos. Mas o utilitarismo também tende a levar os 7 bilhões de seres humanos a perigosamente superexplorar os recursos naturais. A natureza é útil, muito útil: os Homens a utilizam demais!

A natureza tem um valor intrínseco?

Não podemos esquecer que a natureza é fonte de influência estética e espiritual. Para além de seus aportes materiais, a natureza se impõe aos seres humanos em suas criações. As obras mais antigas que chegaram até nós, como os afrescos da caverna de Chauvet (na região francesa de Ardèche), com mais de 30 mil anos, atestam a qualidade da observação do mundo animal e de sua importância imaterial e simbólica para nossos longínquos ancestrais. Provavelmente devido ao fato de serem seres vivos, os animais estão presentes em várias religiões. Eles intercedem junto às entidades invisíveis com sua livre circulação pelo espaço habitado, como as vacas sagradas das cidades indianas ou os veados de Nara, no Japão, ou mais comumente por meio de sacrifícios; também são imagens simbólicas, atualizadoras de episódios do mito original: Jesus, "cordeiro de Deus" na religião católica, Ganesh, o deus elefante no hinduísmo etc. As plantas também estão presentes na vida religiosa, talvez pelo caráter cíclico de seu desaparecimento e seu misterioso renascimento!

Objeto de contemplação, a natureza também é propícia à meditação: no século XII, São Bernardo não proclamava que se encontrariam mais ensinamentos espirituais nas florestas, nas árvores e nas rochas do que nos livros dos maiores mestres?

Serge Bahuchet

As aves daqui são as mesmas aves de lá?

A ciência tem métodos internacionalmente testados de classificação de seres vivos. No entanto, cada sociedade tem suas próprias classificações, que também descrevem com precisão o ambiente natural.

Que planta é esta? Pelo tronco, uma árvore. Que árvore, para ser mais preciso? Ela não tem espinhos, é folhosa. O que mais? Pelo formato das folhas, é um carvalho... Quando estamos diante de um animal, de uma planta, de uma pedra, de um objeto, tentamos identificá-lo, nomeá-lo e inseri-lo num "sistema de referências", como por exemplo a categoria "folhosa". Ou seja, classificamos. O processo classificatório está de fato subentendido em qualquer modo de conhecimento.

Classificações populares: outra leitura da natureza

A classificação científica da fauna e da flora, inventada pelo naturalista sueco Carl von Linné (1707-1778), apresenta um quadro de referência internacionalmente reconhecido. Cada organismo ocupa um único e exclusivo lugar e recebe um nome latino: o lobo é *Canis lupus*, o carvalho-roble é *Quercus robur*. No entanto, todas as sociedades têm um conhecimento específico de seu próprio ambiente, com palavras e categorias próprias que constituem as classificações populares ou vernáculas. O estudo dessas taxonomias* locais está no centro das pesquisas em etnoecologia.**

---

* Teoria das descrições e classificações. (N.E.)
** Termo que faz referência à interação entre as pessoas e o ambiente. (N.E.)

"Isto não é uma ave"

O casuar, animal estranho – patas enormes, penas finas como pelos, cabeça encimada por um curioso topete –, vive na ilha de Nova Guiné. Para o povo karam, está associado a um mito que liga a floresta, seu habitat, aos campos e povoados, onde sua presença não é permitida porque pode colocar a colheita em perigo. Embora conhecido e nomeado, *kobtiy*, ele não está associado a nenhum outro animal, devido à sua fisionomia e à mitologia da região. Essa ave, no sentido biológico, não é classificada na categoria *yakt*, que para os karam engloba os animais que voam (aves e morcegos).

Na República Centro-Africana, os pigmeus aka também agrupam os seres voadores – aves, morcegos e... esquilos voadores (ou anomalurus) – numa mesma categoria, *nyodi*. Além da capacidade de voar, esses animais têm em comum o fato de serem usados na alimentação.

Portanto, os limites da categoria científica "ave" podem ser mais estreitos do que certas categorias populares. Isso também é verdade no caso do pato êider. Enquanto o biologista vê uma única espécie, *Somateria mollissima*, caracterizada por dimorfismo sexual – macho e fêmea têm plumagens diferentes: branca e preta para o primeiro, em tons de marrom para a segunda –, os inuítes das Ilhas Belcher, no Canadá, distinguem, dentro da categoria *mitig*, catorze grupos vernáculos: três para a pata, quatro para o pato e sete para os patinhos, em que as distinções se devem a diferenças de plumagens e etapas de crescimento.

O que nos dizem as classificações populares?

Inventariar e compreender as taxonomias locais é abrir um livro que explica "a verdadeira natureza" do Outro. Embora os trabalhos de Ralph Bulmer nos levem à Oceania, os de Serge Bahuchet à África, os de Douglas Nakashima à América do

Norte, não é necessário viajar para o outro lado do mundo: o Outro também pode viver "ao lado", no campo ou na cidade. As classificações populares revelam o laço íntimo que as sociedades tecem com seu ambiente e os saberes que detêm. O casuar ilustra a dicotomia entre selvagem e doméstico que estrutura o território dos karam. A categoria *nyodi*, tanto quanto as múltiplas facetas do pato êider, traduzem o conhecimento muito apurado que os akas e os inuítes têm desses animais.

Richard Dumez

Por que somos diferentes?

Cabelos crespos ou lisos, olhos puxados ou amendoados, nariz achatado ou alongado, maior ou menor velocidade de corrida... A que se devem todas as nossas diferenças físicas?

Para toda espécie viva, colonizar um meio implica adaptar-se a suas especificidades (temperatura, umidade, altitude, abundância alimentar etc.). Os indivíduos melhor adaptados se reproduzem mais; seus genes, assim selecionados, se espalham pela população. Esse mecanismo evolutivo, chamado de seleção natural, explica a extraordinária diversidade de formas do mundo vivo. Ele também se mostra em nossas diferenças de aparência (cor da pele, proporções corporais, traços do rosto) e em nossas capacidades (velocidade, por exemplo). No entanto, no Homem a adaptação também repousa em mecanismos culturais. Isso explica, por exemplo, por que a gama de nossos regimes alimentares é muito maior do que a dos animais.

Diversidade física, uma consequência do meio ambiente

No caso da pigmentação da pele, a incidência dos raios solares entra em jogo: a melanina, substância que nos faz ficar bronzeados, protege dos raios ultravioletas; os indivíduos que, geneticamente, mais produzem melanina estão melhor adaptados às zonas tropicais com forte incidência de raios ultravioletas do que os indivíduos de pele clara. Em contrapartida, nas regiões menos ensolaradas, a melanina seria um obstáculo à produção de vitamina D pela pele, necessária para o fortalecimento do esqueleto e do sistema imunológico. Nossos ancestrais vindos da África, portanto, "embranqueceram" a partir do Neolítico, quando deixaram de se alimentar de vísceras de animais ricas em vitamina D.

O mesmo acontece no que se refere às proporções corporais: a estatura e os membros são alongados nos climas quentes e secos, como entre os massais e os nilotas da África do leste, e mais atarracados nos climas frios, como entre os inuítes e as populações das altas montanhas. Aqui, a relação entre a superfície de troca com o ar e a massa corporal condiciona a manutenção da temperatura interna em 37°C: quanto maior a relação, mais o calor é eliminado pela transpiração; quanto menor, especialmente se a massa aumenta, mais o corpo conserva o calor.

Outra característica muito visível, a largura do nariz, também estaria ligada ao clima: nas zonas frias e secas, seria preciso aquecer ou umidificar o ar inspirado, que, caso contrário, desencadearia patologias respiratórias. Isso teria dirigido a seleção natural para um nariz mais estreito, que permitisse um contato mais íntimo entre mucosas e ar, ao passo que nas regiões equatoriais a atmosfera quente e úmida não exerce essa influência.

Certas diferenças físicas aparentes resultam de mutações genéticas aleatórias que não conferem vantagem fisiológica. Elas se devem ao que Darwin chamou de seleção sexual: uma característica julgada atraente pelo sexo oposto, como olhos puxados ou cabelos cacheados, proporciona um maior sucesso reprodutivo e, portanto, uma difusão dessa característica.

As diversidades invisíveis

Outras evoluções são mais discretas. A aclimatação à altitude, por exemplo, ilustra nossa "plasticidade adaptativa": em poucos dias, o indivíduo reage à falta de oxigênio transitoriamente fabricando mais glóbulos vermelhos, as células sanguíneas que levam oxigênio aos tecidos. No entanto, a verdadeira adaptação à altitude, de origem genética, leva a uma maior capacidade da hemoglobina de fixar o oxigênio. Do mesmo modo, a ação das doenças infecciosas selecionou vários genes de resistência: para a malária, o mais disseminado é o gene drepanocítico.*

Descrever e explicar a diversidade do Homem é contar sua história, suas migrações e suas respostas às exigências do clima e da alimentação, ou suas respostas às doenças e às consequências das atividades humanas, como a poluição ou a mudança climática. A espécie humana é verdadeiramente desafiada por seu sucesso, especialmente o demográfico, que a obriga a uma constante busca tecnológica. Mas esta não refreia sua evolução biológica.

Alain Froment

---

* Gene que causa uma mutação nos glóbulos vermelhos e confere um efeito protetor contra a malária. (N.E.)

PODEMOS VER NOSSAS DIFERENÇAS GENÉTICAS?

Cada ser humano tem sua própria sequência de DNA, distinta da dos outros membros de sua família ou de seus vizinhos. São essas diferenças que fundamentam a diversidade genética de nossa espécie. Mas elas são visíveis a olho nu?

A diversidade genética humana

O genoma humano (todo o DNA que forma nossos cromossomos) pode ser comparado a um livro com cerca de 3 bilhões de letras (A, T, G ou C). Esse livro é precioso porque contém a informação necessária à construção de todo o organismo. Se compararmos os genomas de dois indivíduos ao acaso veremos em média 3 milhões de letras que diferem em lugares bem específicos: as mutações. No entanto, encontramos menos mutações entre dois indivíduos da mesma família, e mais mutações entre dois indivíduos não aparentados. Esse número de mutações pode parecer grande, mas costuma ser ainda mais elevado em outras espécies: há três vezes mais mutações entre dois orangotangos de Bornéu do que entre dois seres humanos tomados ao acaso em todo o planeta.

Quais as consequências dessas mutações? É preciso dizer que, no genoma humano, somente 1,5% das letras codificam as proteínas produzidas pelo organismo. Todas as mutações que ocorrem nesses locais são portanto capazes de mudar a composição química ou a estrutura das proteínas. É por isso que as mutações às vezes influenciam, de maneira não patológica, a di-

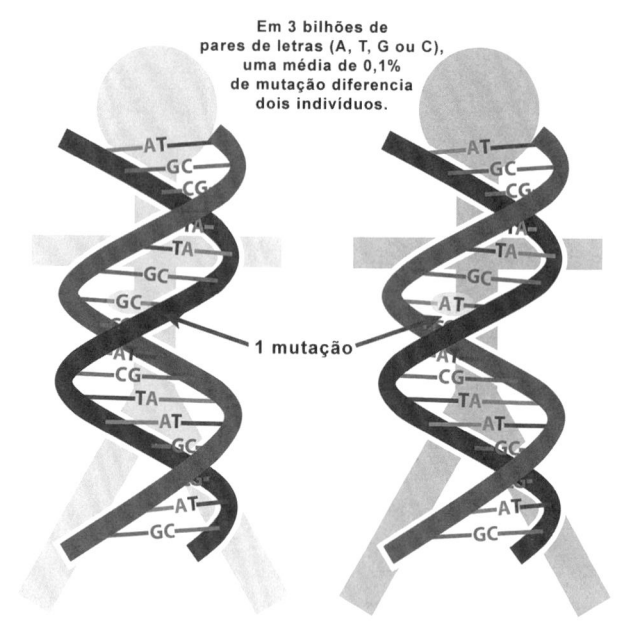

A diversidade genética humana.

versidade anatômica, morfológica ou fisiológica de nossa espécie; mas elas podem também levar a certas doenças genéticas como o diabetes de tipo I ou a mucoviscidose.

E as mutações que acontecem nos 98,5% restantes do genoma? Apesar de às vezes modificarem, de maneira complexa, a quantidade de proteínas produzidas com consequências significantes para o organismo, a maioria das mutações que diferenciam dois indivíduos não tem efeito conhecido sobre o organismo, se é que tem algum!

Mutações visíveis...

A mutação de uma única letra de DNA pode ser responsável por variações biológicas visíveis a olho nu? Os casos conhecidos são raríssimos. Citemos a cor e a textura do cerume de vitamina D pela pele, necessária para o fortalecimento do esqueleto e do sistema imunológico. Nossos ancestrais vindos da África, portanto, "embranqueceram" a partir do Neolítico, quando deixaram de se alimentar de vísceras de animais ricas em vitamina D.

O mesmo acontece no que se refere às proporções corporais: a estatura e os membros são alongados nos climas quentes e secos, como entre os massais e os nilotas da África do leste, e mais atarracados nos climas frios, como entre os inuítes e as populações das altas montanhas. Aqui, a relação entre a superfície de troca com o ar e a massa corporal condiciona a manutenção da temperatura interna em 37ºC: quanto maior a relação, mais o calor é eliminado pela transpiração; quanto menor, especialmente se a massa aumenta, mais o corpo conserva o calor.

Outra característica muito visível, a largura do nariz, também estaria ligada ao clima: nas zonas frias e secas, seria preciso aquecer ou umidificar o ar inspirado, que, caso contrário, desencadearia patologias respiratórias. Isso teria dirigido a seleção natural para um nariz mais estreito, que permitisse um contato mais íntimo entre mucosas e ar, ao passo que nas regiões equatoriais a atmosfera quente e úmida não exerce essa influência.

Certas diferenças físicas aparentes resultam de mutações genéticas aleatórias que não conferem vantagem fisiológica. Elas se devem ao que Darwin chamou de seleção sexual: uma característica julgada atraente pelo sexo oposto, como olhos puxados ou cabelos cacheados, proporciona um maior sucesso reprodutivo e, portanto, uma difusão dessa característica.

As diversidades invisíveis

Outras evoluções são mais discretas. A aclimatação à altitude, por exemplo, ilustra nossa "plasticidade adaptativa": em poucos dias, o indivíduo reage à falta de oxigênio transitoriamente fabricando mais glóbulos vermelhos, as células sanguíneas que levam oxigênio aos tecidos. No entanto, a verdadeira adaptação à altitude, de origem genética, leva a uma maior capacidade da hemoglobina de fixar o oxigênio. Do mesmo modo, a ação das doenças infecciosas selecionou vários genes de resistência: para a malária, o mais disseminado é o gene drepanocítico.*

Descrever e explicar a diversidade do Homem é contar sua história, suas migrações e suas respostas às exigências do clima e da alimentação, ou suas respostas às doenças e às consequências das atividades humanas, como a poluição ou a mudança climática. A espécie humana é verdadeiramente desafiada por seu sucesso, especialmente o demográfico, que a obriga a uma constante busca tecnológica. Mas esta não refreia sua evolução biológica.

Alain Froment

---

* Gene que causa uma mutação nos glóbulos vermelhos e confere um efeito protetor contra a malária. (N.E.)

(a cera dos ouvidos). Num lugar muito específico do genoma, chamado *ABCC11*, uma única mutação da sequência de DNA (um G substituído por um A) modifica uma proteína que compõe o cerume. Se você for portador de um G, seu cerume será de textura úmida e cor de mel, caso contrário terá textura seca e de cor acinzentada... sem qualquer vantagem ou desvantagem para a audição ou para resistir a infecções.

Certas diferenças visíveis entre os indivíduos são determinadas de maneira mais complexa, por várias mutações em vários genes. Assim, ao menos seis genes e numerosas mutações explicam apenas 40% das variações de cor de pele, que são, entre outros fatores, extremamente influenciadas pela exposição ao sol e pela alimentação. Da mesma forma, mais de oitenta mutações no interior de dez genes podem, graças a combinações diferentes, explicar cerca de ¾ das diferenças de cores de olhos. Os pesquisadores continuam em busca do ¼ faltante, e a dificuldade reside principalmente em definir a cor dos olhos, que ainda por cima varia com a idade!

...e outras não

Certas mutações genéticas levam a diferenças só detectáveis por modernas análises físico-químicas. É o caso dos grupos sanguíneos (A, B, O ou AB): é impossível saber, apenas com o olhar, se um indivíduo é do mesmo grupo que outro – é preciso fazer uma análise das proteínas do sangue. Essas mudanças se devem majoritariamente a três mutações de um gene, *ABO*. Embora invisíveis, esses grupos sanguíneos têm uma importância crucial para as transfusões de sangue e transplantes de órgãos.

E por que o leite provoca gases ou diarreia em certas pessoas? Isso acontece porque certas mutações levam à interrupção, no adulto, da produção de lactase, a proteína que digere a lactose (o principal açúcar do leite), o que só pode ser determinado por um exame. Atenção, não digerir bem o leite às vezes se deve a alergias a certas proteínas do leite, alergias que não necessariamente se devem a mutações no DNA. Esse exemplo mostra que as mutações genéticas não determinam todas as diferenças biológicas visíveis ou invisíveis, patológicas ou não – longe disso.

Definitivamente, entre todas as mutações do DNA que acontecem em toda a diversidade genética humana, somente um punhado é conhecido por produzir diferenças visíveis ou testáveis entre os indivíduos. Portanto, com frequência não há relação alguma entre diversidade genética e diversidade de aparência, ao contrário do que se costuma pensar!

Laure Ségurel e Paul Verdu

Somos todos primos?
Os ancestrais que nos unem

Trabalhos que misturam pesquisa genealógica e modelização procuram datar a idade do mais recente ancestral conhecido de toda a humanidade. Ele não teria mais do que alguns milhares de anos. Entenda por quê.

Todos temos dois pais, quatro avós, oito bisavós etc. À medida que voltamos no tempo, nosso número de ancestrais duplica a cada geração, o que rapidamente leva a números astronômicos. Assim, cada um de nós descende de cerca de 4 mil antepassados no século XVIII, 1 milhão no século XVI e 4 bilhões no século XIII: muito mais do que havia de habitantes da Terra! Esse paradoxo se explica quando cada um de nossos ancestrais reaparece várias vezes em nossa genealogia, o que permite supor a existência de vários casamentos entre primos próximos ou distantes entre nossos antepassados. Mas esse aumento espetacular do número de ancestrais de cada um leva a outra evidência: haverá necessariamente um momento em que os meus e os seus ancestrais serão os mesmos.

Os islandeses, todos primos da cantora Björk

Tomemos o exemplo da Islândia, fundada no século IX. Um projeto colossal permitiu reconstruir as genealogias dos 320 mil islandeses que hoje habitam a ilha e evidenciou que eles compartilham ancestrais comuns em épocas surpreendentemente recentes.

Jón Arason, um bispo do século XVI que teve muitos filhos, ao que tudo indica é o ancestral comum de todos os islandeses.

Os europeus, todos descendentes de Carlos Magno

O que se observa na escala da Islândia pode ser generalizado à Europa. Nessa escala, não temos registros genealógicos suficientemente completos e antigos. No entanto, cálculos matemáticos mostram que basta voltar entre seiscentos e mil anos no passado para encontrar um indivíduo que seja o ancestral de todos os europeus. Se seguirmos mais longe ainda no tempo, encontraremos vários outros ancestrais compartilhados por todos os europeus. Portanto, é mais do que provável que todos os europeus sejam descendentes de Carlos Magno.

Os seres humanos, todos primos... em 120º grau!

Na escala da população mundial, as pequenas e grandes migrações inevitavelmente misturam as linhagens genealógicas, de um canto a outro do planeta. Por simulação, basta voltar entre 2 mil e 4 mil anos no passado (ou seja, aproximadamente 120 gerações) para encontrar um indivíduo, provavelmente na Ásia, que seja o ancestral comum de todos os homens e mulheres de hoje. Portanto, todos somos primos... em 120º grau! Esse ancestral não tem nada de um Adão ou de uma Eva, de um ancestral fundador: ele evidentemente não fundou a humanidade sozinho, havia vários outros homens e mulheres na época que também deixaram descendentes. Mas é o ancestral mais recente a estar na interseção das árvores genealógicas de todos os indivíduos de hoje.

Uma mesma população de ancestrais

Se continuarmos a voltar no tempo, encontraremos outros ancestrais comuns a todos os homens e mulheres de hoje, e não apenas na Ásia. Acabaremos inclusive chegando a um ponto, entre 4 mil e 7 mil anos atrás, em que todos os indivíduos que deixaram descendência são ancestrais comuns a toda a humanidade. Nossos ancestrais, meus e seus, quer você tenha nascido em Paris, Hanói, Bamako ou Brasília, serão então exatamente os mesmos. Quaisquer que sejam nossa cor de pele e nosso continente de origem, descendemos todos da mesma população ancestral de antepassados, disseminada por todo o planeta: nossos ancestrais plantaram arroz às margens do Yang-Tsé, domesticaram a lhama na América do Sul, edificaram sítios megalíticos na Europa ocidental e participaram da construção das grandes pirâmides do Egito.

Se não nos assemelhamos, é porque cada ancestral tem um peso diferente em cada uma de nossas genealogias: estou ligado por várias linhagens a meus ancestrais europeus e por menos linhagens a meus ancestrais asiáticos (portanto, herdei meus genes principalmente de meus ancestrais europeus), mas para um habitante de Hanói é o contrário. Mesmo assim, ele não deixa de ser meu primo distante.

Raphaëlle Chaix

Como são transmitidas as características biológicas?

De cachorro não nasce gato. Embora a herança das características biológicas seja em geral associada aos genes, as pesquisas atuais evidenciam outros mecanismos que podem estar em ação.

Em 2001, com o mapeamento do genoma humano – a determinação da longa série de bases A, C, G e T de nosso DNA –, os pesquisadores esperavam identificar as variantes genéticas implicadas em nossas características biológicas, como estatura, peso ou suscetibilidade a doenças complexas (diabetes, obesidade, doenças cardiovasculares, câncer, depressão etc.). Os resultados, porém, não foram exatamente os esperados: para muitas características transmitidas de uma geração à outra, os pesquisadores ainda penam para encontrar as variantes genéticas associadas. Como explicar isso?

Descobre-se, hoje, que a herança biológica não se resume à sequência do DNA: os pais também transmitem aos filhos um ambiente ecológico e cultural, chamado nicho. É provável que esse nicho contribua mais do que se pensava às similaridades biológicas familiares. Dois mecanismos principais podem entrar em ação: os sinalizadores epigenéticos e a flora microbiana associada a nosso organismo.

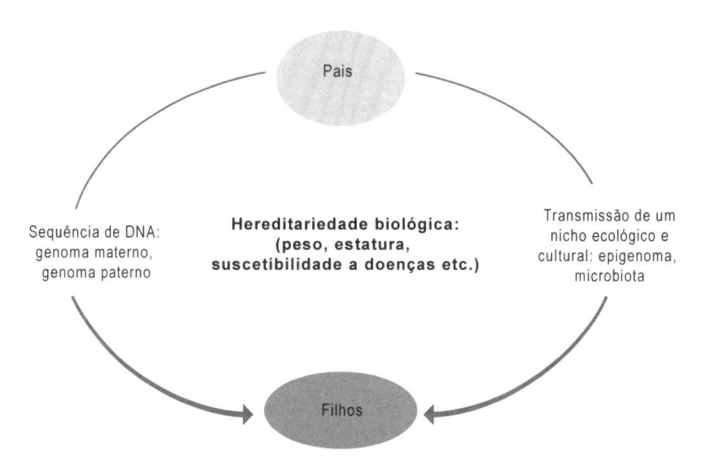

```
                          ┌─── Pais ───┐
                         /              \
  Sequência de DNA:   Hereditariedade biológica:    Transmissão de um
  genoma materno,        (peso, estatura,           nicho ecológico e
  genoma paterno    suscetibilidade a doenças etc.) cultural: epigenoma,
                                                         microbiota
                         \              /
                          └── Filhos ──┘
```

A parte hereditária de nossas características não depende apenas de nosso DNA; ela também depende de nosso ambiente ecológico e cultural, que tende a ser transmitido entre gerações e repercute nos sinalizadores epigenéticos e na microbiota.

Os sinalizadores epigenéticos na interface do meio ambiente

Os sinalizadores epigenéticos são sinalizadores químicos presentes na dupla hélice do DNA que regulam o nível de expressão dos genes, complementando outros processos: cada gene é mais ou menos "decodificado" pela maquinaria celular, e resulta disso que a quantidade de proteínas produzidas a partir desse gene varia. Os sinalizadores epigenéticos são fundamentais na época do desenvolvimento do embrião: embora todas as células tenham o mesmo genoma, elas se diferenciam em células musculares, neurônios e células sanguíneas, entre outras, devido a seus "epigenomas" diferentes. Esses sinalizadores são adquiridos e regulados ao longo do desenvolvimento embrionário, mas também variam de acordo com o ambiente em que vive o indivíduo. Sabemos, por exemplo, que a alimentação, os poluentes e o estresse podem modificá-los.

Estudos recentes mostram que não é apenas o ambiente atual que importa, mas também o ambiente do início da vida, inclusive o ambiente do feto dentro do útero. As mulheres grávidas durante a grande fome sueca e holandesa do inverno de 1944-1945 deram à luz crianças que, sessenta anos depois, tiveram um risco maior de desenvolver doenças cardiovasculares e diabetes, fato vinculado a perfis epigenéticos específicos.

Sob a influência de nossos micróbios

Nos últimos anos, também se tornou claro que o corpo humano é na verdade um ecossistema que abriga bilhões de microrganismos (bactérias, vírus, protozoários) que vivem em nosso tubo digestivo, em nossa pele, em nossas vias respiratórias etc. Esses micróbios, coletivamente chamados de microbiota, influenciam as funções imunológicas e metabólicas, tendo grande importância para a saúde. A microbiota intestinal, por exemplo, parece desempenhar um papel-chave no desenvolvimento da obesidade.

Embora os fatos genéticos e ambientais que influenciam a microbiota ainda sejam pouco conhecidos, observa-se que esta última se transmite tanto "verticalmente", dos pais aos filhos, quanto "horizontalmente", entre indivíduos em contato frequente. A microbiota intestinal também depende do regime alimentar, que por sua vez é transmitido em grande parte de geração em geração. A parte hereditária de certas doenças imunológicas, metabólicas ou psiquiátricas provavelmente passa pela transmissão desses micróbios que nos constituem.

Estudos recentes mostram a pluralidade e a complexidade desses mecanismos de transmissão biológica e abrem caminho para uma melhor compreensão de nossa singularidade enquanto indivíduos.

Raphaëlle Chaix e Laure Ségurel

COMO A CULTURA AGE EM NOSSA EVOLUÇÃO?

Alguns processos culturais mudam a maneira como os genes se disseminam pelas populações. Eles também influenciam a evolução do Homem. Entre eles, três exemplos: as modificações humanas do meio ambiente, os casamentos entre populações e a transmissão de bens de uma geração à outra.

Na primeira infância, o leite é nosso alimento básico. Na adolescência, porém, 70% dos seres humanos o digerem com dificuldade: a lactase, enzima intestinal que transforma o açúcar do leite, a lactose, em açúcares utilizáveis, se torna inoperante ou produzida em quantidade pequena demais. Alguns, porém, chegando à idade adulta, continuam gostando de consumir muito leite. Em certas regiões da África, da península Arábica ou do norte da Europa, 80% dos adultos ainda toleram a lactose. Como explicar isso?

Quando a enzima faz o homem e vice-versa

Estudos mostraram que modificações genéticas (mutações) permitem continuar digerindo o leite: a enzima lactase permanece sendo produzida em quantidade suficiente. Basta que essas mutações se tornem vantajosas para que elas se espalhem pela população. Ora, isso acontece em grupos de criadores de animais que há vários milhares de anos têm uma alimentação à base de leite fresco, pois os indivíduos portadores dessas mutações sobrevivem e se reproduzem melhor do que os outros. De fato, a tolerância à lactose é muito frequente nas populações tradicionalmente pastoris.

A marca biocultural

A tolerância à lactose é um exemplo do que chamamos de evolução biocultural. Na evolução biológica "simples", os indivíduos são selecionados pelas "pressões" do ambiente – porque estão melhor adaptados geneticamente à altitude, por exemplo. Em nosso caso, foram os Homens que modificaram o ambiente com sua cultura pastoril; em contrapartida, esse novo ambiente agiu sobre eles selecionando os biologicamente mais aptos a viver nele, que por sua vez transmitiram essa aptidão a seus filhos.

Hoje, esse tipo de evolução continua agindo sobre o Homem, mas é difícil vê-la "em ação", pois se produz muito lentamente. No entanto, podemos considerar a redução da fertilidade causada por fatores ambientais induzidos pelo Homem, como as perturbações químicas de nosso sistema hormonal, um exemplo moderno de sua ação. De fato, os indivíduos dotados de variações genéticas que lhes permitam sofrer menos esses efeitos nefastos se reproduzirão melhor do que os outros.

Casamento e diversidade genética

A cultura tem outra maneira de agir sobre nossa evolução: ela influencia os casamentos entre indivíduos de populações diferentes. Esses casamentos, bases de trocas genéticas, são mais numerosos entre pessoas que falam a mesma língua. As populações com poucas trocas cada vez mais se diferenciam geneticamente. Por outro lado, duas populações que se misturam por meio de casamentos aos poucos se assemelham. A cultura (no caso, a língua) modela as diferenças genéticas entre populações.

Um terceiro "mecanismo" interage com nossa evolução biológica: a transmissão cultural do "sucesso reprodutor", isto é, o número de crianças que atinge a idade reprodutiva em dada população. Esse sucesso com frequência depende de fatores culturais: na Europa, por exemplo, da riqueza material transmitida aos descendentes (quanto mais estes têm uma vida confortável, mais chances têm de se reproduzir). Aqui, também, certas variações genéticas são melhor transmitidas do que outras em várias gerações, não pelas vantagens biológicas que possibilitariam, mas pelo melhor sucesso reprodutor dos indivíduos que as portam.

Os grupos humanos inventam, reinventam e modificam traços culturais que lhes permitam diferenciar-se de seus vizinhos. Como acabamos de ver, esses traços podem influenciar a diversidade genética humana. Ora, esta última é nosso reservatório de adaptações futuras; ela poderá nos ajudar a enfrentar os novos contextos ecológicos provocados pelo Homem, como os que surgirem do aquecimento climático global.

Évelyne Heyer

Como as crianças são geradas?

O que faz com que um embrião, e depois um feto, se transforme numa criança? Para a biologia, a união das células sexuais de um pai e de uma mãe desencadeia um "programa" de desenvolvimento que leva ao nascimento. O que dizem os mitos das sociedades humanas?

No Homem, as relações chamadas "de parentesco" regulam, por um lado, as uniões matrimoniais entre os indivíduos e os grupos que compõem a sociedade e, por outro, o pertencimento das crianças que nascem dessas uniões. Após o nascimento, a criança pertence ou ao grupo do pai (sistema patrilinear), ou ao da mãe (sistema matrilinear), ou aos dois.

Todos os sistemas de parentesco comportam um conjunto de representações que explicam como as crianças são geradas. Essas representações são amplamente imaginárias. No que diz respeito à concepção dos seres humanos comuns, todas as sociedades supõem que a união sexual de um homem e de uma mulher seja necessária para que esse processo tenha início. Mas ela não basta para conceber uma criança propriamente humana.

Quando os nomes das crianças reencarnam os defuntos

Para os inuítes, o pai gera com seu esperma os ossos e a estrutura do corpo da criança. A mãe, com seu sangue, gera a carne e a pele. O feto ainda não é um ser humano. Ele se torna humano quando uma força sobrenatural, *Sila*, introduz uma parcela de seu sopro no corpo da criança. A esse sopro está associada uma alma inteligente, que distingue a criança de todos os outros seres humanos já nascidos. Mas a criança só se torna plenamente humana ao receber um nome. Ora, esse nome também é uma alma. A alma de uma pessoa morta há pouco, um parente, um amigo, um vizinho do pai ou da mãe, que reencarna na criança. Ao receber esse nome, a criança faz com que um membro de sua parentela, ou de sua comunidade, reviva.

No caso dos inuítes, cooperam para a concepção de uma criança atores que fortalecem os laços de parentesco, o pai e a mãe, mortos revividos e uma força sobrenatural, *Sila*, senhor do Universo. Portanto, a criança se inscreve simultaneamente nas relações de parentesco e num universo cosmológico compartilhado por todos os membros de sua sociedade.

O Sol confere a forma humana

Tomemos agora o caso dos baruya, uma sociedade tribal da Nova Guiné. As crianças automaticamente pertencem ao clã paterno. Para fazer um filho, é preciso que um homem e uma mulher se unam sexualmente. O esperma do homem gera os ossos da criança, sua carne e seu sangue. A mulher não colabora com nada, apenas com seu ventre, onde o esperma penetra e a criança se desenvolve. A mãe não é genitora da criança, portanto. O pai, associado ao Sol, é o genitor.

Durante a gravidez, o homem e a mulher multiplicam as relações sexuais para que o esperma do homem alimente o feto. Este se desenvolve, mas não tem nariz, olhos, boca, dedos dos pés e das mãos. É o Sol que termina de moldá-lo no ventre da mulher, dando-lhe sua forma humana e seu sopro. A criança, ao nascer, respira mas não tem alma. Uma alma-espírito penetra em seu corpo quando ela recebe o nome de um(a) ancestral do clã paterno.

Mas, ao contrário do caso dos inuítes, a criança não herda, junto com o nome do antepassado, o que este havia feito ao longo da vida. O nome ainda não é suficiente para fazer de um menino ou de uma menina um baruya pleno. Eles precisam nascer uma segunda vez, através do sistema de iniciações masculinas e femininas.

Assim, também no caso dos baruya, conceber uma criança exige a intervenção de vários atores: vivos (o pai e a mãe), mortos (que transmitem o nome) e uma entidade sobrenatural (o Sol).

O papel dos antepassados

Na sociedade matrilinear dos habitantes das Ilhas Trobriand (ao largo da Nova Guiné), estudada por volta de 1920 por Bronislaw Malinowski, a participação do homem e da mulher na geração de uma criança é oposta à dos baruya. A criança é concebida pelo encontro de uma criança-espírito (*waiwaia*) com o sangue menstrual de uma mulher. Uma criança-espírito é o espírito de um morto do clã da mulher que deseja renascer no corpo de um de seus descendentes. Depois da morte, os defuntos vivem numa ilha, sob a autoridade de uma divindade. Alguns desejam reencarnar e se transformam numa criança-espírito que penetra no corpo de uma mulher de seu clã matrilinear e se mistura ao sangue menstrual dessa mulher. Forma-se então um feto, mistura de sangue feminino e espírito. Quando a mulher descobre que está grávida, o homem e a mulher intensificam as relações sexuais, pois o esperma do homem alimenta o feto e o coagula, e o pênis, com sua ação, o molda.

Mais uma vez, como no caso dos inuítes e dos baruya, as relações sexuais entre um homem e uma mulher são necessárias para que exista um feto, mas não bastam para que exista uma criança. Para isso, é preciso a intervenção de um antepassado que queira reencarnar com o auxílio de uma divindade.

Numa sociedade fortemente hierarquizada, como a do reino polinésio de Tonga, havia duas representações da concepção das crianças. A mais antiga correspondia ao caráter indiferenciado do sistema de parentesco de Tonga. O pai gerava os ossos da criança com seu esperma, o sangue menstrual da mulher gerava a carne e o sangue, e o conjunto disso se transformava num feto. Os antepassados, ou mesmo os deuses, davam uma alma a esse feto.

O sopro divino

Um segundo modelo surgiu nesse reino, afirmando que toda a substância da criança vinha da mãe: a carne, o sangue, os ossos, a pele etc. O esperma do homem teria um único papel: bloquear o sangue menstrual no corpo da mulher. E o *Tu'i Tonga*, o maior dos chefes de Tonga, animava então o feto com seu sopro divino. Essa segunda representação da geração da criança corresponde a uma época tardia da história de Tonga, durante a qual a distância social entre as pessoas do povo e a aristocracia dos líderes aumentara profundamente. O segundo modelo reformula o primeiro, não para exaltar mais ainda o papel das mulheres na procriação, mas para excluir completamente os homens comuns do processo e para exaltar o poder divino do *mana* dos membros das linhagens reais.

A *alma maculada pelo pecado original*

Um último exemplo vem da tradição cristã ocidental. Para o cristianismo, o corpo da criança nasce da união sexual de um homem com uma mulher, que constituem então uma única carne. A criança é a carne de suas carnes. Mas o homem e a mulher geram apenas o feto. Para que este se transforme em criança, é preciso que uma alma seja introduzida nele pela ação do Espírito Santo. Deus a introduzirá, quando quiser e sob a forma que quiser, e esta animará a criança, mas ao mesmo tempo trará a marca do pecado original cometido por Adão e Eva contra Deus e transmitido de geração em geração pelas uniões sexuais de homens e mulheres. Será preciso batizar a criança depois do nascimento para que sua alma, lavada do pecado original, passe a registrar os pecados e as boas ações que o indivíduo cometerá ao longo da vida e sobre os quais deverá prestar contas depois da morte.

Podemos ver que, em todas as sociedades, os papéis do homem e da mulher na concepção de uma criança dependem do princípio de descendência que organiza o parentesco, mas que um homem e uma mulher não são suficientes para gerar uma criança. É preciso a intervenção de outros atores, invisíveis, mas com o poder de animar o corpo da criança e dar-lhe a forma humana, reencarnação dos antepassados, intervenção dos deuses ou de Deus.

A concepção também pode gerar seres humanos extraordinários. O ancestral do *Tu'i Tonga* teria nascido do grande deus polinésio, *Tangaloa*. Na tradição cristã, o Cristo teria nascido do ventre de Maria, sua mãe, mas de uma imaculada concepção. Deus fizera com que Ana, a mãe de Maria, não transmitisse a esta o pecado original, para que Maria pudesse conceber Jesus sem se unir sexualmente a José, seu esposo. Com essa dupla intervenção divina, Jesus, filho de Deus e também o próprio Deus, tomou a forma humana para poder redimir com sua morte os pecados da humanidade.

Maurice Godelier

Como a morte é experimentada?

Em todas as sociedades, as teorias a respeito da morte procuram explicar sua razão e sua natureza. Ritos acompanham o último momento da vida e o destino do cadáver, organizando o luto pelo defunto.

Na história da humanidade, as representações da morte sempre têm inspiração religiosa e se inserem numa cosmologia. Todas as religiões compartilham a ideia de que a morte não é o fim da vida e que outra vida tem início após a morte. A morte não se opõe à vida, portanto, mas ao nascimento. Este é considerado a conjunção de uma relação humana, de um homem com uma mulher, e a intervenção de entidades invisíveis – antepassados, deuses ou Deus –, que introduzem no corpo de uma criança em formação uma ou várias almas. A morte, assim, é a disjunção dos elementos que compõem o ser humano. O sopro desaparece, o corpo se transforma num cadáver que precisa ser preparado, mas resta alguma coisa que deixa o corpo e sobrevive, a mesma alma (ou almas) introduzida no corpo ao nascimento. Essa alma começa então uma nova vida e se dirige ao lugar que lhe é destinado, a morada dos mortos.

Crianças-espíritos e fantasmas

Essa morada dos mortos pode ser, como entre os baruya da Nova Guiné, uma aldeia subterrânea, ou para os mortos de certos clãs, as estrelas. Para os trobriandeses (das Ilhas Trobriand, ao largo da Nova Guiné), os mortos vivem numa ilha próxima regida por uma divindade. Alguns deles podem desejar reviver e se transformam em crianças-espíritos que reencarnam num de seus descendentes. Na morada dos mortos, eles têm uma existência sem doenças ou guerras, numa espécie de Paraíso. E mesmo que um indivíduo tenha cometido crimes durante a vida e não tenha sido julgado nem punido, sua existência depois da morte não sofrerá nenhuma consequência.

No entanto, é comum a ideia de que certos mortos se tornam maus mortos, seja porque os rituais que deveriam acompanhar sua morte não foram realizados adequadamente, seja porque o defunto foi vítima, em vida, de alguma feitiçaria etc. Esses maus mortos não chegam à morada dos mortos, eles assombram o mundo dos vivos.

Ao contrário dos casos precedentes, o defunto pode enfrentar um julgamento post-mortem. No hinduísmo, ele aparece diante de Yama, o deus dos mortos, e, dependendo de seus méritos ou deméritos, este o reenvia ou não para a "roda de nascimentos e mortes". Na Índia, o recém-nascido sempre é a reencarnação de um morto. Se, ao fim dessa sucessão de reencarnações, o defunto acumulou os méritos necessários, ele se torna então um ancestral e vai sentar-se ao lado dos deuses. Para o budismo, o morto também enfrenta um julgamento que o devolve à roda de nascimentos e mortes. Em contrapartida, quando acumula méritos suficientes na sucessão de suas existências, ele atinge o Nirvana e desaparece no Universo.

Nas religiões de salvação, cristianismo e islamismo, o defunto, depois da morte, é confrontado com um deus único. Conforme seus pecados ou suas boas ações, ele será condenado por esse deus ao inferno eterno ou promovido a viver eternamente no céu a seu lado. Ao fim do século XII, os católicos inventaram o purgatório, uma morada para os mortos que precisam purgar seus pecados à espera do Paraíso. A ideia de um julgamento post--mortem parece ter nascido no Oriente, na Antiguidade, junto com o desenvolvimento dos Estados e Impérios. Nessa época, teria surgido a ideia de que nem mesmo o maior dos reis poderia fazer justiça plenamente, somente os deuses.

Os três momentos dos ritos fúnebres

A essas diversas representações da morte e do destino dos mortos associam-se diferentes ritos fúnebres. Em todas as sociedades, três momentos se encadeiam. Durante a agonia, os parentes se abstêm de manifestar sua dor, como na China, ou suplicam ao moribundo que não os deixe. Depois da morte, eles devem preparar o cadáver e permitir que a alma, ou as almas do defunto, alcancem a morada dos mortos. A preparação do cadáver é feita através do sepultamento do corpo, da cremação, da exposição do cadáver aos animais ou do consumo do corpo pelos parentes. Rituais acompanham esses momentos.

Depois que os parentes dão um destino ao cadáver, tem início para eles um período de luto, que pode ser maior ou menor conforme as sociedades e implicar no isolamento dos enlutados. Estes usam roupas especiais, são proibidos de consumir ou fazer certas coisas, machucam o próprio corpo ou deixam crescer a barba etc. Em certas sociedades, o nome dos mortos deve ser esquecido e nunca mais pronunciado. Os mortos se tornam almas anônimas. Em outras, ao contrário, o nome é conservado para ser novamente atribuído depois de algumas gerações a descendentes do morto.

A ideia de que a morte é apenas o fim da vida só se disseminou depois do século XIX, principalmente nas sociedades ocidentais. Nestas, surgiu o esforço de esvaziar a morte, de limitar os ritos funerários e despojá-los da dimensão religiosa. Ainda assim, as pessoas não deixam de visitar seus mortos nos cemitérios e depositar flores em suas sepulturas. Mesmo na ausência de um imaginário religioso que atribua aos vivos uma vida depois da morte, nossas atitudes diante desta conservam implícita e simbolicamente a ideia de que eles continuam existindo entre nós.

Maurice Godelier

Os laços de parentesco são os mesmos em toda parte?

A família europeia parece ser um modelo universal. Na verdade, a humanidade inventou diferentes sistemas de parentesco que se baseiam em fundamentos comuns a várias sociedades.

O primeiro conjunto das regras de parentesco define o pertencimento das crianças a um grupo, paterno ou materno, ou seja, a um princípio de descendência. O segundo organiza as alianças entre os indivíduos e os grupos de parentesco. O terceiro rege o tabu do incesto. O quarto conjunto determina a residência dos novos casais que se unem. Essa residência pode ser "virilocal", quando a esposa vai viver com o marido (por exemplo entre os wolof, das Ilhas Samoa), "uxorilocal", quando o marido vai viver com a família da mulher (como entre os índios hopi), ou ainda "neolocal", quando o novo casal escolhe viver separado de suas famílias de origem (Europa ocidental, Japão, Estados Unidos). (Existem outros princípios de residência, que não detalharemos aqui.)

Quando os irmãos do pai não são tios

O quinto componente dos sistemas de parentesco é a existência de uma terminologia para designar com termos específicos ("pai", "mãe" etc.) as relações de parentesco que existem entre os indivíduos e entre os grupos consanguíneos ou aliados. Em certos sistemas, todos os irmãos do pai são pais, e não tios; todas as irmãs da mãe são mães, e não tias. Assim, todas as crianças são irmãos e irmãs, e portanto não podem casar entre si. As noções de paternidade, maternidade e irmandade são, portanto, muito diferentes das que caracterizam o sistema europeu.

O sexto e último conjunto das regras que constituem os sistemas de parentesco diz respeito à existência de representações do processo de concepção das crianças (ver *Como as crianças são geradas*). Elas estão estreitamente ligadas à natureza dos princípios que organizam, em cada sociedade, a descendência e a aliança. Conforme a criança pertença ao grupo do pai (sistema patrilinear) ou ao grupo da mãe (sistema matrilinear), por exemplo, o papel atribuído às substâncias masculinas e femininas, o esperma e o sangue menstrual, varia.

Até hoje, os etnólogos inventariaram sete tipos de sistemas de parentesco resultantes das combinações entre os seis conjuntos de regras acima mencionados.

1. Dravidiano (sul da Índia e Amazônia)
2. Australiano (aborígenes da Austrália)
3. Havaiano (Ilhas do Havaí)
4. Crow-omaha (Estados Unidos, Burkina Faso, Camarões)
5. Iroquês (antigos iroqueses, baruya da Nova Guiné)
6. Sudanês (Sudão, Turquia, China)
7. Esquimó (França)

Inventário dos principais tipos de sistema de parentesco que existem no mundo. O sistema de parentesco francês é do tipo "esquimó", uma transformação do antigo sistema latino, que era de tipo "sudanês". Nunca houve contato entre a Europa e os grupos esquimós da América do Norte e da Groenlândia, é claro. O mesmo tipo de sistema surgiu, portanto, em vários lugares e em épocas variadas.

Os princípios de descendência

Detalhemos um pouco os três primeiros pontos. Dentro da primeira regra dos sistemas de parentesco, existem quatro princípios de descendência: 1) Os princípios unilineares: as crianças pertencem ou ao grupo do pai, ou ao grupo da mãe. Estes são os sistemas patrilineares ou matrilineares. 2) As crianças estão ligadas, por laços diferentes, ao clã do pai e ao da mãe. São os sistemas ambilineares. 3) Mais raro, porém, em outras sociedades, ou os filhos pertencem ao clã do pai e as filhas ao clã da mãe, ou as filhas pertencem ao clã do pai e os filhos ao clã da mãe. O princípio de descendência é bilinear. 4) Por fim, as crianças podem pertencer ao grupo do pai e ao grupo da mãe de maneira indiferenciada. É o que costuma acontecer no Ocidente, no entanto com uma inflexão patrilinear, pois o sobrenome dado à criança é o paterno.

Os sistemas mais disseminados no mundo são, por um lado, os sistemas unilineares, dos quais a maioria é patrilinear, e, por outro, os sistemas indiferenciados. Quaisquer que sejam, os princípios de descendência são o eixo principal da transmissão de nomes, títulos, funções sociais, status e propriedade dos bens materiais e imateriais.

Alianças possíveis e impossíveis

O segundo pilar de qualquer sistema de parentesco são as regras que definem as alianças possíveis ou impossíveis entre os indivíduos e entre os grupos de parentesco. Em muitas sociedades, essa aliança é selada por um rito, o casamento; mas o casamento não é uma instituição universal.

Existem quatro formas de alianças possíveis. Primeiro, a união entre parentes próximos, como o casamento entre irmão e irmã que existia no Egito e na Pérsia antigos. Segundo, a aliança com "os outros". Essa aliança acontece principalmente por meio da troca de mulheres entre grupos de parentesco. Em outras sociedades, trocam-se riquezas por uma mulher ou por um homem: os "compradores" de mulheres ou homens pagam um dote ao grupo de doadores.

Outras sociedades combinam uniões com parentes próximos e uniões com outros. O casamento "árabe" é um exemplo: entre os quatro casamentos autorizados pelo Corão, o preferencial é aquele com a filha do irmão do pai, casamento muito próximo, portanto, dentro da mesma linhagem patrilinear e sem pagamento de dote. Os três outros casamentos possíveis acontecem com outras linhagens pertencentes a outros clãs da mesma tribo ou de outra tribo.

Uma quarta forma de união, sem alianças oficiais, também existe. Em certas sociedades de cultura tibeto-birmanesas, onde o princípio de descendência é matrilinear, não existe nem casamento nem termos para "marido" e "pai". As crianças pertencem à mãe e aos irmãos da mãe.

Homem de mulheres, mulher de homens

A esses sistemas de parentesco estão associadas famílias monogâmicas ou poligâmicas. As famílias poligâmicas são poligínicas (um homem se casa com várias mulheres) ou poliândricas (uma mulher se casa com vários homens). Em todas as sociedades existe um princípio suplementar que autoriza ou proíbe o divórcio após o casamento.

Terceiro pilar: todas as sociedades proíbem a promiscuidade sexual e proíbem o incesto. O incesto dentro das famílias ou dos clãs compromete tanto as relações de consanguinidade quanto as alianças. Dentro da consanguinidade, o incesto destrói as relações de autoridade entre as gerações e de solidariedade entre todos os membros da família. Ao mesmo tempo, ele questiona as relações de aliança: o pai que comete incesto com a filha coloca em rivalidade a esposa e a filha e compromete, com isso, sua aliança com a família da esposa.

O parentesco englobado pelas relações sociais

As relações de parentesco desempenham um papel essencial na construção da identidade dos indivíduos. O indivíduo só pode sobreviver graças aos cuidados e à proteção dos adultos que, devido aos laços de parentesco, são obrigados a prestá-los. É deles que a criança receberá um nome e uma primeira identidade social, e deles receberá seus deveres, bem como seus direitos.

As relações de parentesco e os grupos sociais que elas criam (clãs, linhagens, famílias) desempenham um papel importante em muitas sociedades, principalmente naquelas em que não existe Estado. Mas os laços de parentesco nunca são a base das sociedades. Em toda parte, de fato, essas relações estão subordinadas a outras relações sociais que as englobam e utilizam para sua própria reprodução. Essas relações englobantes são de natureza político-religiosa, isto é, estabelecem e legitimam a soberania dos grupos que formam uma sociedade em dado território, seus recursos e seus habitantes.

Maurice Godelier

Por que os homens são mais altos do que as mulheres? O impacto do gênero

Nem todas as características do corpo humano são produto da seleção natural. Uma evolução exercida por pressões de seleção sociais é, muito provavelmente, responsável pela inscrição de certas características no genoma humano. A diferença de estatura entre homens e mulheres é um exemplo notável.

O que é uma diferença "sexuada"?

Nas espécies de sexos separados, os genes ditos de regulação favorecem ou bloqueiam a expressão de outros genes conforme o indivíduo desenvolva testículos ou ovários. Esse fenômeno permite explicar diferenças na aparência, ditas "sexuadas". Os genes de regulação podem conhecer evoluções rápidas: é por isso que as diferenças sexuadas variam incrivelmente de uma espécie para outra. Também existem variações dentro de uma mesma espécie (por exemplo, as diferenças de pilosidade entre homens e mulheres não são a regra na espécie humana).

As diferenças de tamanho corporal constam entre as diferenças sexuadas mais frequentes no mundo vivo. Dependendo da espécie, os indivíduos maiores podem ser fêmeas ou machos: isso depende do conjunto de exigências reprodutivas e ambientais em jogo. Na espécie humana, os homens têm em média treze centímetros a mais do que as mulheres. Por razões obstétricas e reprodutivas, a evolução deveria ter favorecido mulheres maiores do que os homens. As diferenças sexuadas existentes não se devem portanto à seleção natural. Elas se inscrevem no genoma por seleção. As pressões de seleção vêm do meio ambiente. Ora, o ambiente também é criado pelas sociedades.

O que é gênero?

O gênero é uma ordem social que classifica e diferencia os indivíduos com base em seus órgãos sexuais e reprodutores. A diferenciação se exerce num plano comportamental e no plano da aparência. A maioria das sociedades humanas cria uma diferenciação artificial da aparência entre indivíduos classificados "homens" ou "mulheres": corte de cabelo e roupas diferentes, presença/ausência de maquiagem, joias etc.

As diferenças sexuadas, como a pilosidade, a estrutura óssea, os seios etc., são os primeiros elementos do corpo a serem mobilizados pelo dispositivo de gênero.

Uma estatura elevada é, em muitas sociedades, um traço associado ao masculino. Na França, ela constitui, desde a escola, um elemento de discriminação entre adolescentes; é um grande

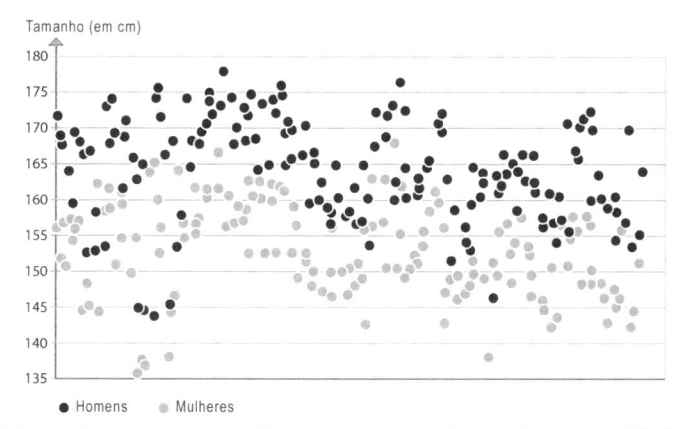

Valores das estaturas médias em 155 populações humanas (dados: A. Gustafsson e P. Lindenfors, *Journal of Human Evolution*, 2004). A diferença média é de 13 cm.

fator de desigualdade profissional entre homens adultos; representa uma das primeiras preferências físicas das mulheres em termos de escolha de um parceiro. Na prática, os homens são mais altos do que as mulheres nos casais heterossexuais, e isso com uma frequência maior do que aquela que resultaria do acaso.

Na sociedade baka, em Camarões, os homens expressam claramente não querer uma mulher que os "ultrapasse". Uma mulher mais alta do que um homem no casal parece representar, para os homens baka, a ameaça da possível derrubada da ordem simbólica: uma mulher que olhasse para seu marido "de cima" poderia desenvolver um sentimento de superioridade, permitindo assim um questionamento da dominação masculina. Os homens – que escolhem oficialmente as parceiras sexuais entre os baka – sempre afirmam preferir uma mulher mais baixa do que eles: essas palavras se verificam na prática.

Diferenças sexuadas sob a pressão do gênero

As representações segundo as quais os homens devem ser mais altos do que as mulheres são representações de gênero. Elas têm duas consequências em termos de escolha de parceiro: uma discriminação dos homens mais baixos e das mulheres mais altas no mercado amoroso; uma produção mais importante de descendentes entre os homens de estatura maior e entre as mulheres de estatura menor. Esses dois fenômenos são observáveis nas sociedades ocidentais. Eles atestam uma seleção em obra.

A ideia de que os homens devem ser mais altos do que as mulheres cria uma pressão de seleção social. Uma ideia absolutamente capaz, a longo prazo, de produzir homens mais altos do que as mulheres. Nem todas as diferenças "sexuadas" inscritas no genoma podem ser qualificadas de "naturais", portanto. Podem existir diferenças biológicas com uma origem perfeitamente social.

Priscille Touraille

POR QUE OS AMULETOS SÃO EFICAZES?

O poder dos amuletos não está reservado às massas crédulas. A etnologia mostra que esses objetos de fato desempenham funções essenciais em todas as sociedades.

Quando a doença e a desgraça batem à porta, quando as ambições não são satisfeitas, em todas as sociedades, em todos os meios, alguns indivíduos recorrem aos serviços de adivinhos-curandeiros e de seus amuletos. Em toda parte, personalidades reconhecidas, homens e mulheres de Estado, chefes de empresas, comerciantes, atletas, militares e delinquentes dependem dos serviços de conselheiros, videntes e curandeiros para garantir seu futuro, ter sorte, "trazer" amores, curar, proteger ou derrubar inimigos.

Somos condicionados por rituais salvadores?

Acreditar na veracidade das previsões e na eficácia dos talismãs e amuletos de feiticeiros, "benzedeiros" ou curandeiros não é monopólio de africanos cheios de tradições culturais e religiosas. É fácil zombar da credulidade e dos amuletos dos outros, mas todos recorremos, consciente ou inconscientemente, a gestos ou palavras rituais, artefatos curativos, protetores e de boa sorte: algum objeto de uso cotidiano, uma figa, um trevo de quatro folhas, uma joia ou uma medalha religiosa usada todos os dias, um pedaço de tecido esfregado nas relíquias de um santo, uma gravata, uma roupa, um perfume, um cadeado numa ponte...

Nossos medos inconscientes às vezes nos levam a rejeitar essas práticas. Muitos museus etnográficos têm uma estante ou uma prateleira onde são reunidos objetos de suposto poder mágico. Eles com muita frequência são constituídos por matéria animal bruta; no dia em que um novo diretor precisa resolver os problemas de estoque, ele dispõe de um argumento perfeito para colocar tudo no lixo, sem precisar recorrer à própria repulsa. A fobia da sujeira e da contaminação se combina, nesses casos, ao horror consciente ou reprimido que tais objetos inspiram.

Como explicar a eficácia dos amuletos?

A condenação da ciência e das religiões cristã e muçulmana não impedem a existência dessas práticas. De fato, a maioria das pessoas considera a eficácia dos amuletos e demais talismãs como uma prova da verdade das crenças que os embasam. Os universos sobrenaturais, invisíveis e inacessíveis aos cientistas, aos "não crentes", existiriam de fato. É claro que, em contrapartida, as ciências explicam a eficácia dos dispositivos mágicos com mecanismos fisiológicos e psicológicos ativos na escala individual e social.

O mais interessante, porém, é o enraizamento dos amuletos nas culturas humanas contemporâneas. Ninguém se surpreende com o fato de que o bichinho de pelúcia de uma criança pode modificar seu humor e seu estado de espírito. Por que mecanismos comparáveis não poderiam existir nos adultos? Aliás, os milagres das religiões não são prova disso? O que dizer dos "amuletos e vodus tecnológicos" que são uma extensão de nossas pessoas na Internet: smartphones, laptops, pen drives etc.? Da mesma forma que os amuletos, eles são projeções do corpo e da mente; objetos sem os quais seus utilizadores ficariam perdidos, deprimidos, fragilizados material, social e psicologicamente.

Esse universo de crenças em expansão, espécie de "cibermística", é aliás amplamente explorado pelos cibercriminosos. Os bandidos da Internet conseguem seduzir suas vítimas recorrendo à fé e a táticas psicológicas parecidas com as que os curandeiros sinceros empregam, muitas vezes com sucesso, para aliviar seus clientes.

Assim, as joias e os amuletos usados cotidianamente são prolongamentos materiais e simbólicos de nós mesmos e dos outros. Eles constituem uma das instâncias de autoconfiança do homem, existindo no mundo inteiro e, ao que tudo indica, desde as épocas mais remotas.

Alain Epelboin

Por que somos os únicos a falar?

Por que o Homem é a única espécie a dispor da complexidade e do poder de expressão da linguagem?

Qual foi a última vez que você comentou uma história, uma lembrança de trabalho, um sonho, as cenas de um filme ou os personagens de um romance, ou que discutiu as notícias da atualidade? Há pouquíssimo tempo, sem dúvida. De fato, temos à nossa disposição uma ferramenta extremamente sofisticada, prática e eficaz para realizar tudo isso: a linguagem humana!

Qualquer que seja a língua utilizada, a linguagem pode descrever os objetos, as situações e as ideias por meio de um vocabulário (ou léxico) muito rico; as palavras se juntam umas às outras com facilidade para construir um sentido (a sintaxe), enquanto elementos gramaticais expressam o tempo (foi ontem, será amanhã), as nuances e as diferentes modalidades (o condicional, o irreal, o possível, o proibido, o desejável...). Comparativamente, os outros sistemas de comunicação dos animais sociais, das abelhas aos chimpanzés, passando pelos pássaros e pelos golfinhos, são limitados à expressão de emoções, de advertências ou de injunções.

A aquisição da linguagem pela criança

Todas as crianças (salvo patologia grave) muito cedo adquirem sua primeira língua, qualquer que ela seja: as bases são adquiridas por volta dos dois anos, com um léxico de uma centena de palavras e com a construção de frases de duas ou três palavras; a partir disso, o ritmo se acelera de maneira impressionante a cada dia ao longo dos anos, e as estruturas sintáticas essenciais são adquiridas antes dos seis anos de idade. Vê-se nisso a prova de que as línguas são adquiridas, mas graças a um mecanismo inato de aprendizado.

As tentativas de ensino de línguas aos grandes símios (chimpanzés, gorilas, bonobos) confirmam essa ideia. Esses animais são capazes de aprender um léxico básico, mas não ultrapassam o primeiro estágio da aquisição da criança, e conseguem no máximo combinar duas ou três palavras.

Uma evolução em duas etapas?

Quando e como nossa espécie pôde adquirir um sistema de comunicação de tamanha complexidade? Como a palavra não deixa vestígios, só podemos formular hipóteses, a partir do que sabemos a respeito da evolução humana.

A evolução da linguagem teria acontecido em duas etapas: a primeira no *Homo erectus*, há dois milhões de anos; a segunda, há cerca de cem mil anos, em nossa espécie, *Homo sapiens*, talvez entre os Neandertais.

Em 1990, o linguista Derek Bickerton afirmou que o *Homo erectus* teria sido dotado de uma "protolinguagem". Como a de Tarzan, sua sintaxe seria rudimentar, mas seu léxico estaria adaptado à troca de informações. A protolinguagem teria permitido a expansão dessa espécie em todo o mundo antigo a partir da África. Num segundo momento, a complexidade gramatical e sintática das línguas teria surgido em nossa espécie. Ela nos teria progressivamente conferido um domínio sem precedentes do ambiente, daí nosso sucesso evolutivo.

Se aceitarmos esse cenário, ainda precisaremos compreender as condições que fizeram essa complexidade surgir. Talvez a resposta esteja no desenvolvimento da função narrativa. Por meio dos mitos de origem, essa função desempenhou um papel primordial no estabelecimento dos tabus e das regras que regem as sociedades humanas.

Bernard Victorri

Por que falamos do jeito que falamos?

Cerca de 7 mil línguas são faladas no mundo – algumas desaparecem, outras aparecem. Quem decide?

Quando saímos para nos divertir, pode ser que surja a vontade de conversar com uma pessoa desconhecida. As primeiras palavras serão um tanto superficiais: falaremos coisas vagas, mas prestaremos muita atenção no que é dito e, principalmente, na forma como é dito – sem demonstrá-lo, é claro. Obteremos informações sobre o outro.

Embora os códigos linguísticos sejam variáveis, eles dependem amplamente das relações sociais, do nível de estudo, do perfil socioeconômico, da profissão, da origem geográfica, da idade e do sexo social. A coesão dentro de um círculo mais ou menos fechado de interlocutores que se conhecem é muitas vezes reforçada por inovações linguísticas e expressões: gírias, abreviações, citações recorrentes, expressões, sotaques etc.

Dialetos muito vivos

Na verdade, a língua dita "oficial" corresponde a uma norma artificial. O italiano nada mais é do que o dialeto de Florença, o holandês é uma reunião de vários dialetos padronizados. Historicamente, em cada país, não havia uma única língua, mas um certo número de variedades, diferentes pelo sotaque, pelo léxico, pela gramática e pela sintaxe. Esses dialetos em geral não eram escritos e resultavam de uma transmissão local, familiar.

Seguindo em linha reta da Catalunha a Flandres, poderíamos constatar uma mudança progressiva no sotaque e nas palavras utilizadas. Duas pessoas que vivessem em dois lugares próximos quase sempre podiam se entender ao falar seus próprios dialetos. A pé ou a cavalo, os contatos entre vizinhos se tornavam pouco frequentes para além de algumas dezenas de quilômetros, assim como os casamentos. Sem rádio, televisão ou telefone, com um acesso limitado à escola, as variedades linguísticas regionais sofriam poucas influências externas e, consequentemente, se mantiveram muito vivas com o passar das gerações.

Uma língua, várias línguas

O acesso ao conhecimento, o desenvolvimento dos meios de transporte, das telecomunicações e a modernidade apagaram as variantes regionais, que só resistem nas pessoas de idade, assim como certas maneiras de se preparar um bolo de carne.

Na França, foi sobretudo por razões políticas que a variabilidade linguística regional foi silenciada. Aureolado pelo prestígio da corte real, o dialeto da Île-de-France progressivamente se irradiou para as províncias. Durante a Revolução, a referência linguística permaneceu essencialmente a mesma, ou seja, a fala dos parisienses cultos: no delicado contexto da reação contrarrevolucionária, os regionalismos foram contidos. Mais tarde, a construção de uma república mais vasta do que a França metropolitana deu à língua francesa o status de *língua franca* unificadora e dominante.

Na verdade, em inúmeras sociedades o multilinguismo é a situação mais corrente, a condição natural. Há a língua do pai e a da mãe, a língua do comércio, a língua da religião, a língua da administração, a língua da cultura. Às vezes se diz que falar a mesma língua é compartilhar e construir uma cultura comum, mas será que falar várias não é a mesma coisa?

Picardo
Eche vint d'froèdure é pis ch'solé i s'accreutchoaite

Francês
La bise et le soleil se disputaient

Occitano
La bise e le solelh se disputaven

Occitano
L'aura de bisa e lo solelh se garrejavan

Occitano
La bísia e lo solelh se disputavan

Occitano
La cisampa e lo solelh s'atissavan

Catalão
La bispa i el sol se barallaven

Exemplo da variabilidade dialetal na França, segundo um eixo norte-sul (a partir de registros e transcrições da fábula *O vento e o sol*, de Esopo, por Philippe Boula de Mareüil).

Uma língua ou variedade linguística desaparece quando não é mais transmitida à geração seguinte, ou quando esta não quer aprendê-la. Uma vontade se expressa. Por que se preocupar com o desaparecimento de uma língua da Amazônia e permanecer indiferente às línguas regionais da França, que ainda não estão mortas? Somos livres para falar como bem entendermos, para brincar com a língua o máximo possível. Somos livres para reinventá-la, reinventá-las. Sejamos criativos!

Franz Manni

Por que a música é universal e tão diversificada?

Não existe sociedade humana sem música. Como explicar a presença sistemática da música em todas as sociedades e a existência de uma tão grande diversidade de linguagens musicais no mundo?

A música não tem idade! Entre os sons do mundo a seu redor, o Homem desde sempre criou seu próprio universo musical a partir da própria voz, do corpo, de instrumentos fabricados e de objetos do cotidiano. Os arqueólogos encontraram vários instrumentos musicais pré-históricos que resistiram ao tempo: litofones (instrumentos de percussão em pedra), apitos de falange de rena, flautas de osso de abutre com furos para tocar, reco-recos e rombos (lâminas de osso ou marfim giradas por cordas). Eles são definidos como instrumentos musicais porque suas propriedades acústicas e musicais revelam um objetivo específico de fabricação.

No entanto, o termo "música" não é universal. Aquilo que o Ocidente identifica como "música" muitas vezes é designado em outras culturas como "cantar", "tocar um instrumento" e "dançar". Além disso, a música raramente é tocada por si mesma. Ela costuma ser um componente indissociável de um contexto social determinado: nascimento, casamento, luto, cura, iniciação, caça, pesca, lazer etc.

O que é o universo sonoro musical?

Como diferenciar a música da língua? Em relação aos sons da palavra, os sons musicais não têm um significado que remeta aos objetos de nosso ambiente sociocultural. Toda música, de tradição escrita ou oral, se baseia numa "teoria musical" cujas regras de composição e realização são próprias a uma dada cultura. Essas regras determinam a combinação das alturas, dos ritmos e dos timbres. Esses elementos, de possibilidades infinitas, fazem com que existam inúmeros sistemas musicais no mundo, muito diferentes entre si. O sistema ocidental é um entre milhares.

De fato, a música é um encadeamento de sons concebido e reconhecido pela sociedade em que é produzida. Assim, para se designar uma prática como musical é preciso conhecer os critérios de definição da cultura em que ela se inscreve. Certos tipos de produção sonora não definidos como música podem ser percebidos por outras culturas como tal, e vice-versa. As lamentações produzidas em períodos de luto, por exemplo, ou ainda os gritos de caça dos aka centro-africanos, embora passem uma impressão de música para um "ouvido estrangeiro", não são considerados como tal pelas populações que os produzem. O mesmo acontece em relação aos sons do ambiente cotidiano de uma sociedade: os gorjeios dos pássaros são sinais sonoros de comunicação; no entanto, alguns desses gorjeios são chamados de cantos em várias culturas.

De onde vem a diversidade musical?

Cada sociedade mobiliza o universo sonoro para expressar suas identidades culturais, sociais e religiosas por meio de diversos critérios musicais: altura, ritmo, métrica, técnica vocal, instrumento musical, técnica instrumental, procedimentos polifônicos etc. A diversidade musical se baseia nas infinitas combinações desses critérios, mas também em sua inscrição em contextos culturais diferentes. De fato, toda prática musical é uma performance global que envolve atores, objetos, ações, palavras e gestos que participam das construções identitárias individuais e coletivas das sociedades humanas.

Em razão disso, as músicas se transformam constantemente com o passar do tempo, conforme sua transmissão de geração em geração e os contatos entre as culturas. A diversidade musical conhecida em nossos dias constitui uma das provas de uma humanidade em constante evolução. Assim como não podemos ouvir o que tocavam os homens de Cro-Magnon, também somos incapazes de prever as formas de expressão musical que existirão dentro de cem ou quinhentos anos!

Sylvie Le Bomin e Marie-France Mifune

O outro, eterno estranho ou objeto de curiosidade?

A desconfiança em relação ao outro, centrada nas diferenças de cultura e de pertencimento, continua bastante disseminada. As explicações científicas de nossas diferenças a alimentaram algumas vezes no passado, mas o que dizem hoje?

Sente à mesa de um café ou num banco de praça e observe os passantes. É fácil constatar sua diversidade de aparência: estatura, fisionomia, expressões do rosto e do corpo, jeito de andar, cor da pele, roupas etc. No entanto, tudo converge: todos temos um corpo feito segundo o mesmo esquema!

Como descrever as diferenças?

Foi a descoberta da América e dos ameríndios, no século XV, que de fato desencadeou uma série de questionamentos científicos a respeito da unidade do gênero humano. No século XVII, a nova ciência antropológica classificou os povos segundo seu continente de origem, que correspondia globalmente a suas características físicas, em especial a cor da pele.

Quando o naturalista Carl von Linné chamou nossa espécie de *Homo sapiens*, em 1758, ele associou à descrição das raças geográficas alguns traços psicológicos que refletiam os preconceitos de seu tempo a respeito da inferioridade das raças não europeias. Mais tarde, com a criação do conceito de "raças intermediárias", os antropólogos admitiram que a tipologia racial não explicava a realidade. Eles também perceberam que embora as características físicas, como o formato do queixo ou do nariz, se transmitiam ao longo das gerações, os comportamentos e traços mentais se deviam sobretudo ao condicionamento social. Como interpretar a variedade na aparência dos seres humanos?

Podemos classificar as pessoas?

Cientificamente, as comparações entre populações por muito tempo se limitaram a um paciente inventário de sua morfologia. Foi por isso que a antropometria, que quantificava o peso, a altura, as proporções dos membros ou o formato do crânio, despertou tanto interesse: quanto mais as pessoas se assemelhavam do ponto de vista morfológico, maior a probabilidade de terem uma origem comum. Características faciais, como o nariz dos Bourbon ou o queixo dos Habsburgo, de fato se transmitiam de geração em geração.

A Vênus africana de Charles Cordier (1827-1905). Os bustos encomendados em 1860 para a galeria de antropologia do Museu representavam as raças humanas sem condescendência.

No entanto, para construir uma tipologia, a diversidade humana foi compreendida como um conjunto de raças distintas.

Depois da Segunda Guerra Mundial, a genética levou ao abandono da noção de raça, revelando a unidade genética de todos os seres humanos, ainda que existam nuances e diferenças. Esse abandono criou um vazio na linguagem científica, e a palavra "etnia" o preencheu. Contudo, uma característica étnica é essencialmente cultural: pode ser a língua, crenças ou costumes. Assim, para designar grupos humanos que compartilham ancestrais comuns, os cientistas preferem falar em populações, ou às vezes em demos (do grego *dêmos*, "território", "população", "povo").

Uma biodiversidade humana?

Se a diversidade das aparências humanas é real, podemos falar em "biodiversidade humana"? O termo biodiversidade costuma definir um amplo conjunto de espécies em interação, mas não a variação das formas dentro de uma única espécie. Todavia, ele teria o mérito de lembrar que o polimorfismo é uma riqueza, pois permite enfrentar o imprevisto: numa espécie diversificada, há mais chances de se encontrar indivíduos pré-adaptados a momentos de crise (fomes, epidemias) do que numa população uniforme.

Mas as diferenças físicas entre os povos também se tornam uma potencial fonte de discriminação quando levam à formação de grupos homogêneos dotados de qualidades específicas. O conceito de biodiversidade humana, portanto, não é imparcial ao valorizar o "diferencialismo" étnico, considerado a forma contemporânea do racialismo, a doutrina do racismo. É de fato uma visão que, mesmo sem sugerir uma hierarquia entre os grupos, os separa de maneira artificial.

Alain Froment

Como definir o Homem?

Como, ao longo da História, abordou-se esta ampla questão?

Definir o Homem, amplo debate... Ele é um bípede sem plumas, afirmou Platão, a quem Diógenes, o Cínico, respondeu que então devia ser um frango depenado – é o que reza a lenda. Mas, falando sério, para Platão, graças à bipedia, o Homem pode olhar para o céu, para os astros e para Deus, enquanto os animais olham para a terra. Portanto, para ele é sobretudo pela religião que o Homem é caracterizado.

Para Aristóteles, enquanto o animal tem uma alma nutritiva, responsável pela vida orgânica, e uma alma sensitiva, responsável pelas atividades sensório-motoras, o Homem, além dessas, tem uma alma racional (também imortal) que o dota de razão e linguagem. Essa linguagem e essa razão são destacadas por ele para definir o Homem.

Da alma ao cérebro

No século XVII, a ciência, ainda balbuciante, tentou ir além das diversas teses da Antiguidade. A alma nutritiva desapareceu; a alma sensitiva e a alma racional se fundiram numa única alma, oposta ao corpo e mais ou menos equiparada à alma cristã.

Paralelamente, os cientistas começaram a considerar a existência de formas entre a do animal e a do Homem. Exemplo disso é uma obra do médico inglês Edward Tyson que, em 1699, dissecou um chimpanzé e descobriu uma anatomia intermediária entre a nossa e a dos pequenos símios. Pouco a pouco, cogitou-se também uma evolução das formas vivas. As teorias do filósofo e naturalista Jean-Baptiste Robinet (1768), por exemplo, constituem longínquas prefigurações do evolucionismo.

Com isso, atenuava-se a diferença entre o Homem e o animal, embora o primeiro continuasse distinto por sua capacidade de falar e raciocinar, ao que as mentes piedosas acrescentavam a religião.

No século XIX, a razão e a linguagem foram relacionadas ao funcionamento do cérebro: se o Homem era racional e falava, não devia essas capacidades a uma alma racional, mas a seu cérebro, consideravelmente mais desenvolvido do que o dos animais e, portanto, suscetível a melhores desempenhos.

Do cérebro, logo se passou ao crânio, mais fácil de conservar e estudar. Foi pelo estudo dos crânios, e mais especificamente de seu volume e forma, que tentou-se caracterizar o Homem, avaliar as qualidades intelectuais dos indivíduos, hierarquizar as raças e justificar as desigualdades sociais. No fim do século XVIII, durante todo o século seguinte e início do século XX, essa craniometria foi dominante, mas acabou desacreditada por seus abusos e aplicações (especialmente o racismo).

Ela desapareceu depois da Segunda Guerra Mundial. Hoje, porém, tende a ser substituída por estudos genéticos que reduzem o Homem a seu genoma (e não mais a seu cérebro ou crânio).

Além de seus abusos sociais, o principal defeito da craniometria – assim como o das caracterizações genéticas – era querer definir o Homem por meio de um conjunto de caracteres objetivos e, assim, sob pretexto de ciência positiva, reduzi-lo a um objeto (ou a um "recurso humano", cujos lugar e utilidade na sociedade podiam ser medidos). Negava-se, assim, aquilo que constitui a especificidade do Homem, a saber: que ele é um sujeito, e não um objeto.

Conhece-te a ti mesmo!

No entanto, um esboço de solução já havia sido sugerido no século XVIII, por Carl Linné. Em sua classificação dos seres vivos, o cientista sueco reúne o Homem e os macacos na ordem dos primatas. Embora caracterize e diferencie os animais (dentre os quais os macacos) por critérios morfológicos, ele se contenta em definir o Homem com a máxima *Nosce te ipsum*, "conhece-te a ti mesmo". Indica, com isso, que é menos por fatores biológicos do que por sua capacidade (ou seu dever) de conhecer-se a si mesmo que o Homem se define. O Homem é aquele que se conhece como sendo um Homem.

Por outro lado, para Linné a taxonomia é essencialmente uma nomenclatura e, tradicionalmente (desde a Bíblia), a capacidade de dar nomes é uma prerrogativa do Homem. O Homem, portanto, é aquele que não apenas se sabe Homem como também chama a si mesmo de "Homem". Muitos povos se designam como "Homens": as palavras "inuíte" e "banto", por exemplo, significam "Homem" na língua desses povos.

Seja qual for o sentimento que possa ter de si mesmo (e seja qual for a capacidade de linguagem que tenha), nenhum animal se conhece "animal" ou assim se chama. Por isso Linné deu ao Homem o nome de *Homo sapiens*. O Homem é *sapiens*, isto é, "sabedor", não no sentido de ter um saber estabelecido, mas no sentido de estar envolvido num processo ativo de conhecimento de si mesmo e daquilo que é diferente de si mesmo, um processo sempre em curso e jamais acabado. E, sendo consciente de si mesmo, ele o é de maneira interrogativa dentro desse processo cognitivo, e não por uma afirmação positiva de si.

O "conhece-te a ti mesmo", portanto, é uma injunção para que o homem se busque, se defina, se construa, se invente. É no âmbito desse conhecimento de si que podemos compreender a existência de museus dedicados ao conhecimento do Homem. O animal – nem mesmo o macaco – jamais construirá um museu do animal.

André Pichot

2
DE ONDE VIEMOS?

Somos o fruto de uma evolução feita de acasos, adaptações e migrações. Essa fascinante viagem remonta até o Neolítico, período de transição em que o Homem domestica a natureza, muda seu modo de vida e com isso acaba modificando sua própria biologia. Descobertas recentes permitem revisitar o vínculo, que se acreditava simples, entre cultura e espécie biológica. Da mesma forma, a epopeia das linhagens humanas é uma grande árvore da qual somos o único ramo sobrevivente.

Quem foi o primeiro representante da linhagem humana?

No ano 2000, várias descobertas realizadas na África Oriental abalaram a teoria então aceita a respeito da origem dos primeiros hominídeos bípedes.

Como um hominoide (a superfamília que reúne os grandes símios e os Homens), deslocando-se sobre quatro patas, pôde se transformar num hominídeo que caminha sobre dois pés? Esta é a pergunta a que muitos pesquisadores tentam responder percorrendo os antigos terrenos da África. Todos os primatas são bípedes ocasionais, mas o único capaz de caminhar sobre as duas pernas por bastante tempo, longas distâncias e mantendo uma boa capacidade respiratória é o Homem. Sua bipedia se caracteriza por um alongamento do membro inferior (fêmur), um pé provido de uma arcada plantar, uma coluna vertebral com quatro curvaturas e pela posição central da abertura occipital, por onde a medula espinhal passa para chegar ao cérebro.

Para identificar nosso potencial ancestral, o primeiro hominídeo bípede, buscam-se indícios de uma antiga bipedia, mas não completamente idêntica à nossa. Até os anos 2000, acreditava-se que esse ancestral vivia num ambiente de savana, entre 4 e 6 milhões de anos atrás, que devia se parecer com um chimpanzé e que seria um ancestral direto dos australopitecos, dos quais teríamos descendido.

Orrorin, o primeiro bípede?

No outono do ano 2000, uma descoberta abalou essa teoria. Uma missão franco-queniana descobriu os resquícios de um hominídeo bípede junto a sedimentos da formação Lukeino, de 6 Ma, nas colinas de Tugen, no Quênia. Ele foi chamado de *Orrorin tugenensis*, conforme o nome queniano para "Homem original". Algumas de suas características se destacavam: ele não se parecia com um chimpanzé e vivia num ambiente mais florestal do que se imaginava, de acordo com as plantas fossilizadas e a composição da fauna local. Os australopitecos, muito diferentes do *Orrorin*, especialmente em relação aos dentes, poderiam não ser nossos ancestrais diretos, mas representar um ramo paralelo de hominídeos.

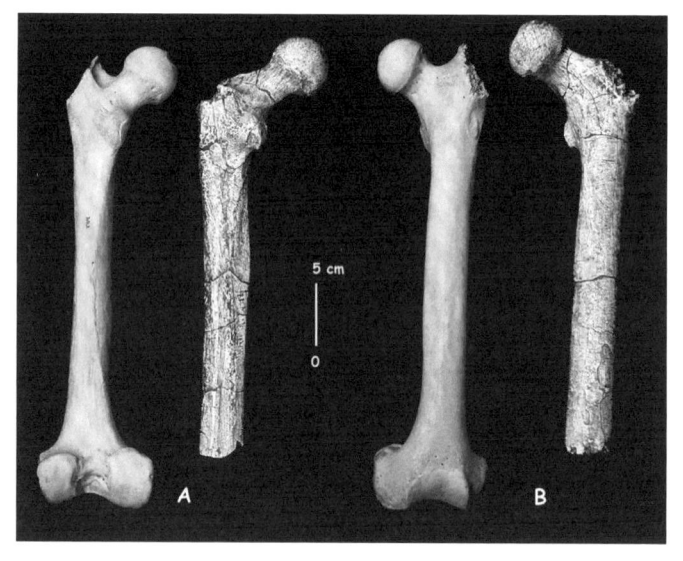

O estudo do fêmur do *Orrorin* (à direita, A, visão posterior, e B, visão anterior) confirma que esse hominídeo era bípede. Como no Homem, seu fêmur tem um colo alongado, enquanto o colo do fêmur do chimpanzé (à esquerda em A e B) é curto.

Alguns meses depois, um possível ancestral foi encontrado na Etiópia: o ardipiteco (*Ardipithecus kadabba*), datado entre 5,2 e 5,8 Ma. Depois, em julho de 2001, os vestígios do Toumai (*Sahelanthropus tchadensis*), mais antigos ainda (cerca de 7 Ma), foram descobertos no Chade. Mas qual desses três foi o primeiro hominídeo bípede?

As bipedias do passado

A bipedia do *Orrorin* é provada por seus fêmures, ambos bastante bem conservados. No entanto, o *Orrorin* também estava adaptado à vida nas árvores, conforme sugerido por fragmentos de úmero e de uma falange da mão, bastante curva. Ele media entre 1,10m e 1,37m.

No Toumai, a posição anterior da abertura occipital parece sustentar a bipedia. No Homem, a abertura fica um pouco mais para frente, e nos grandes símios de hoje ela é posterior. No entanto, as variações humanas e simiescas dessa posição se entrelaçam, e esta, aliás, não está exclusivamente ligada à locomoção; por isso o debate atual sobre a condição de hominídeo bípede do Toumai. Na ausência de fósseis do esqueleto locomotor, é difícil chegar a uma conclusão. Tratando-se do *Ardipithecus kadabba*, sua bipedia é estabelecida por uma falange do pé proveniente de camadas de 5,2 Ma. A morfologia do osso é próxima à de Lucy, uma australopiteca (*Australopithecus afarensis*). Mas sua acentuada curvatura também sugere hábitos arborícolas.* A presença de uma faceta considerada humana é difícil de interpretar, pois também é encontrada nos hominoides do Mioceno** asiático.

O debate a respeito dessas origens distantes continua. Os primeiros representantes de nossa linhagem e da linhagem dos australopitecos provavelmente se encontram em níveis mais

---

* Diz-se de animal que vive nas árvores. (N.E.)
** Período compreendido entre cerca de 23 milhões de anos atrás e 5 milhões de anos atrás. (N.E.)

próximos dos 10 Ma. Dado que o *Orrorin* e o *Ardipithecus* estão associados a ambientes arborizados, a bipedia humana com certeza evoluiu nesse tipo de meio. Inicialmente aptos a subir em árvores, os hominídeos bípedes aos poucos teriam se dispersado pela savana. Outros ramos de hominídeos sem dúvida tiveram bipedias diferentes, mais ou menos arborícolas, mais ou menos terrestres.

Brigitte Senut

Quem foram os primeiros *Homo*?

O gênero Homo *é aquele ao qual pertencemos. Onde e quando viveram seus primeiros representantes? Quem foram eles? Com o que se pareciam?*

Cento e noventa! No estado atual de nossos conhecimentos, este é o número de fósseis atribuídos aos primeiros representantes do gênero *Homo*. Todos foram descobertos – o primeiro em 1959 – em sítios arqueológicos localizados ao longo do Vale do Rift, na Etiópia, no Quênia, na Tanzânia, no Malawi e também na África do Sul. Com idades entre 2,8 e 1,6 milhões de anos, eles revelam a origem africana do gênero *Homo*, o nosso gênero.

Onde eles viviam? Aparentemente, segundo os indícios encontrados nos sítios arqueológicos, em ambientes áridos e abertos de tipo savana, mas também em ambientes fechados ou mais úmidos, de tipo florestal. Essa diversidade de ambientes revela uma capacidade de adaptação que sem dúvida permitiu-lhes tirar o melhor partido das flutuações ambientais, sobretudo da seca, da diminuição da cobertura florestal e da crescente instabilidade do clima, ocorridos a partir de 2,8 milhões de anos.

Uma única espécie ou duas?

Cento e noventa: é pouco e é muito. Pouco, porque a maioria desses fósseis é de dentes isolados; os crânios ou as mandíbulas relativamente bem conservados são raros (menos de quinze exemplares). Muito, porque eles são suficientes para a distinção de dois grupos com morfologias diferentes.

Distribuição dos primeiros representantes do gênero *Homo* no mapa da África.

Duas hipóteses foram formuladas para explicitar esse dimorfismo. A primeira considera a existência de uma única e mesma espécie, *Homo habilis*, na qual existiriam diferenças importantes entre os indivíduos. A segunda interpretação concebe a existência de duas espécies: *Homo habilis* (mais de 160 fósseis) e *Homo rudolfensis* (duas dezenas de fósseis), nomeada segundo o lago Rodolfo, antigo nome do lago Turkana. A maioria das características anatômicas que permite diferenciar as duas espécies se situa no nível da face.

Em 1999, paleoantropólogos sugeriram classificar as espécies *habilis* e *rudolfensis* entre os australopitecos. Análises mais recentes relativizam essa hipótese mostrando que *habilis* e *rudolfensis* de fato pertencem ao gênero *Homo*: o debate continua aberto!

Com o que se pareciam?

A atribuição de fragmentos fósseis ao gênero *Homo*, sobretudo em comparação aos *Australopithecus* (seus ancestrais, também africanos) e aos *Paranthropus* (seus contemporâneos, presentes nas mesmas regiões), se baseia nas seguintes características. A caixa craniana está em posição elevada em relação à face e tem um volume mais importante, a fronte é mais abaulada e ligeiramente elevada. A face é menos projetada para frente, a base do crânio é bastante curta e curva, os molares são mais alongados e menores, o aparelho mastigador é mais reduzido.

Nenhum esqueleto relativamente completo, como o de Lucy (uma australopiteca), foi descoberto. À luz dos raros fósseis disponíveis, é possível que os *Homo* tenham tido uma estatura maior do que a dos *Australopithecus*, uma morfologia do pé e um tamanho do membro inferior mais próximos dos nossos. Isso poderia significar que eram bípedes estritos e que se deslocavam por longas distâncias. No entanto, certos fósseis revelam características ligadas à capacidade de escalar, como braços longos.

O que faziam?

Os primeiros *Homo* tinham um regime alimentar muito diversificado e oportunista, com componentes vegetais e também animais. Do ponto de vista cultural, eram artesãos da indústria lítica olduvaiense, segundo os sítios arqueológicos da Garganta de Olduvai, na Tanzânia. Essa cultura se caracteriza pela produção de seixos ou blocos talhados por percussão direta, por muito tempo considerada a mais antiga de todas. Contudo, descobertas de ferramentas em pedra talhada datadas de 3,3 milhões de anos enfraquecem a ideia de que apenas os *Homo* tenham conseguido talhar ferramentas de pedra.

Sandrine Prat e François Marchal

Como foi a grande história do gênero *Homo* até chegar ao *sapiens*?

Há vários milhões de anos, representantes do gênero Homo *partiram à conquista do mundo. Por obra do acaso, certos indivíduos se viram dotados de evoluções anatômicas ou comportamentais que se revelaram adaptações sob o efeito da seleção darwiniana, que por fim levou ao* Homo sapiens. *Essa formidável história, a nossa, também foi marcada pela emergência de comportamentos sociais.*

Preciosas adaptações

Aqui está o Homem, o gênero *Homo*, nascido de pré-humanos ainda não muito bem identificados há 3 milhões de anos, na África tropical, em função das adaptações necessárias ao enfrentamento de uma mudança climática. Como essa mudança climática aconteceu no sentido da seca, isto é, da abertura das paisagens e da vulnerabilidade de seus habitantes, essa adaptação se deu essencialmente através da ampliação da alimentação, que de majoritariamente vegetariana se tornou onívora, ou seja, também carnívora, dada a falta de vegetais; da transformação das vias respiratórias superiores, com a descida da laringe para uma melhor respiração em ambiente com falta de umidade; e do aumento da estatura e da complexidade do cérebro e de seu funcionamento (uma melhor irrigação), para ser possível refletir sobre a melhor maneira de fugir dos carnívoros, dada a falta de envergadura, de caninos, de chifres e galhadas.

Os primeiros *Homo*, chamados *Homo habilis*, ao contrário de seus predecessores logo conseguiram se emancipar de um ambiente natural redutor, movimentando-se rapidamente. Eles se emanciparam porque, tornando-se carnívoros, passaram a dispor de um território mais amplo do que o dos vegetarianos; porque, como carnívoros, passaram a caçar e, portanto, a se deslocar com mais frequência; porque a alimentação, em parte carnívora, levou ao cérebro as proteínas animais que contribuíram para seu desenvolvimento; porque o cérebro mais complexo os obrigou a pensar mais, somando curiosidade à audácia de seus deslocamentos; porque a melhor reflexão incentivou a fabricação de ferramentas que prolongaram seu corpo e aumentaram suas capacidades de conquista de novos nichos ecológicos; porque o sucesso adaptativo e evolutivo aumentou a demografia etc. Belo concurso de circunstâncias favoráveis que fez com que se dispersassem, por necessidade e oportunismo.

Vejo três etapas nessa dispersão: por toda a África, depois por toda a Eurásia, até barreiras climáticas latitudinais pouco confortáveis e, por fim, pela América e pela Oceania.

Uma dispersão a partir da África

A África é suficientemente vasta para que, dispersando-se a partir dos trópicos, esses humanos já tivessem se diversificado ao chegar às margens do mar Vermelho, do mar Mediterrâneo e do oceano Atlântico. Mas a primeira expansão para fora da África, sem dúvida pelo Oriente Próximo (mas quem sabe também pelo Bab-el-Mandeb, que separa a península Arábica da África, pelo istmo entre a Tunísia e a Sicília ou por Gibraltar), foi suficientemente exígua para que essas diversas gradações – que não vejo como verdadeiras espécies biológicas – tivessem se diferenciado umas das outras pela variação genética clássica provocada pelo isolamento de pequenas populações em movimento.

O que aconteceu? Não podemos esquecer que estamos falando de seres humanos conscientes, curiosos (cérebro), equipados com armas e ferramentas de pedra, madeira e osso (cérebro e mãos) e de linguagem articulada (cérebro e posição da laringe, cordas vocais, regiões gnáticas, língua), pois esses primeiros humanos foram os inventores de um ambiente cultural dentro de um ambiente natural de origem. Penso, portanto, que ao contrário dos outros vertebrados, que, ao se encontrarem, teriam se mantido à distância, eles foram uns na direção dos outros e lutaram ou dialogaram – mais ou menos a mesma coisa – e trocaram ideias, informações, objetos, receitas, casamentos... O crânio número 5 de Dmanisi, na Geórgia (1,8 milhão de anos), apresenta ao mesmo tempo características de todas as pequenas divisões que nossa mente naturalista, obcecada por classificações, havia chamado de *Homo habilis*, *Homo rudolfensis*, *Homo ergaster*, *Homo erectus*... As sociedades humanas, em seus deslocamentos por grandes distâncias, só puderam se organizar, aliás, na medida em que o diálogo entre cérebro, linguagem e mãos, nascido da

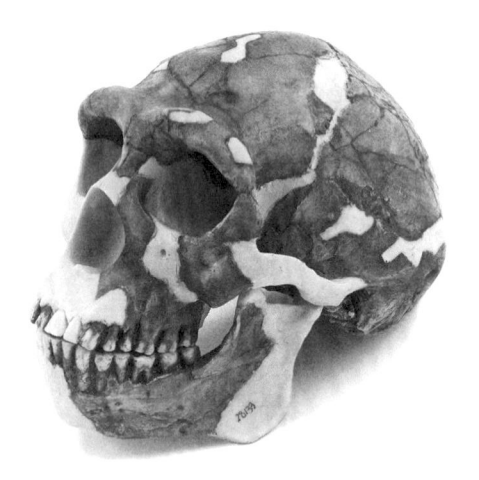

Homo erectus, sinantropo, "o Homem de Pequim". Zhoukoudian (Chou K'ou-tien), China.

adaptação natural, pôde se aperfeiçoar, ainda que a relativa falta de efetivo com certeza não tenha permitido progressos fulgurantes no âmbito daquilo que hoje chamaríamos de inovação.

O caminho da Eurásia

Chegamos, então, pelo provável caminho do "Levante", à Eurásia; os homens – ou em todo caso os primeiros que penso terem o nível anatômico do *Homo habilis*, mas que rapidamente, geologicamente falando, se tornarão *Homo erectus* – continuam a se deslocar, tanto para o oeste quanto para o leste; dessa vez, o território é imenso e a separação de pequenas populações é mais longa, ou suficientemente longa para que "verdadeiras" espécies surjam; conhecemos bem o Homem de Neandertal, "fabricado" pela Europa, e que mais tarde voltou ao Oriente Próximo e Médio; conhecemos bem o Homem de Java, de desenvolvimento original e endêmico quando Java se separou do continente asiático; conhecemos pouco o Homem de Denisova, recentemente descoberto graças à paleogenética, no sul da Sibéria, um primo do Neandertal que deve ter tido um enorme espaço de difusão antes de reduzi-lo; conhecemos pouco o Homem de Flores, recentemente descoberto na ilha de mesmo nome, que parece (para mim) descender do Homem de Java e ter desenvolvido o nanismo típico do isolamento extremo desprovido de predadores (ou quase), ideal energético alcançado por muitas famílias de vertebrados em todas as ilhas do mundo, marinhas ou terrestres (florestas, por exemplo).

Estamos diante de uma belíssima e esperada biodiversidade humana que recentemente começamos a descobrir. Está muito claro que a passagem da África para a Eurásia deve ter ocorrido várias vezes, nesse sentido ou em outro, como sem dúvida aconteceu da Europa para a Ásia, ou da Ásia para a Europa; inúmeras hibridações, por motivos já descritos, devem ter ocorrido; e a paleogenética, desde então parte da paleontologia, sem dúvida ajudará muito a determinar os tipos humanos, seus graus e suas espécies. O estudo da evolução da paleogeografia também ajudará, e os movimentos de faunas que acompanham as mudanças climáticas serão excelentes guias para seguir o Homem ao longo de suas movimentações.

A ferramenta simétrica, o biface, magnífico progresso técnico e estético, surge na África oriental há cerca de 1,7 milhão de anos; sua difusão, por "carregadores", contatos ou evolução paralela, transmite, como várias outras ferramentas, muitas informações. A passagem do percutor duro (pedra) ao percutor macio (madeira ou chifre sobre pedra), além de ser uma grande descoberta, há 500 mil anos, também auxilia no traçado de linhagens, influências, circulações.

Para além dessas considerações, lembremos que aquele que melhor conhecemos é o *Homo erectus*. Ele se espalha, evolui biologicamente de maneira diversa (o da China é diferente daquele do Marrocos), evolui socialmente, tanto em técnicas quanto na organização mais elaborada da sociedade (os grupos mais importantes em efetivos também o são em trocas), e tudo isso se manifesta em eclosões estéticas, espirituais e sem dúvida éticas, pois umas não existem sem as outras. É a época dos primeiros cuidados com os mortos e das primeiras vaidades dos vivos.

E o Homo sapiens *descobre a América... e o resto do mundo*

Há 200 mil anos, talvez, o descendente africano do *Homo erectus*, o *Homo sapiens*, surge e se desloca usando os mesmos caminhos de seu ancestral de mais de 2,5 milhões de anos. Por razões de crescimento mais lento ou de equipamentos melhores, ele a longo prazo prevalecerá sobre todos os seus predecessores. Há cerca de 50 mil anos, em jangadas de bambu, graças à diminuição da distância Indonésia-Austrália, e há cerca de 20 mil anos, a pé graças ao surgimento da ponte do estreito de Bering, com a glaciação, ele chega ao Alasca sem se dar conta de ter descoberto a América (mas será ele o primeiro? Ver o capítulo "Por que Cristóvão Colombo não descobriu a América?"), e à Austrália sem tomar consciência de ser o primeiro mamífero placentário a ter êxito no desembarque!

A América, de norte a sul, é percorrida em algumas dezenas de milhares de anos até a Patagônia, e até a Groenlândia, a leste. E esses americanos, sem o saber, é claro, desenvolverão técnicas e culturas em múltiplas direções originais. Falamos da biodiversidade humana, e não devemos esquecer de sua diversidade cultural. O resto do planeta logo será coberto por esse *Homo sapiens* insaciável que tomará a Melanésia, a Micronésia e a Polinésia numa razão de mil quilômetros por século, antes de começar a cobiçar a Lua, o sistema solar e os outros planetas.

E aqui está o *Homo sapiens*, mamífero de tamanho médio, num planeta de tamanho também mediano, num sistema estelar banal de uma galáxia não menos insignificante, que goza do luxo de ter um cérebro que representa o estado mais complexo da matéria que se conhece, em 14 bilhões de anos de história, a mais bela do mundo.

Yves Coppens

COMO INTERPRETAR A IMPRESSIONANTE VARIEDADE DE ESPÉCIES HUMANAS?

Hoje, existe uma única espécie do gênero Homo, *a nossa. Mas ao longo de 2 milhões de anos, diferentes espécies de homens e de australopitecos viveram ao mesmo tempo, às vezes nos mesmos territórios.*

Há pouco tempo atrás, quando se falava na evolução do Homem, o esquema apresentado seguia uma linha reta: as espécies dos gêneros *Australopithecus* e *Homo* se sucediam ao longo do tempo, uma cedendo lugar à outra e se apagando tranquilamente... Na verdade, há trinta anos, os fósseis descobertos eram pouco numerosos, tanto no tempo quanto no espaço. Sua classificação era simples e cronológica, portanto.

Mas as coisas mudaram. O desenvolvimento da arqueologia permitiu a descoberta de numerosos fósseis de "hominíneos", linhagem que reúne os gêneros *Australopithecus* e *Homo*. Para saber que espécies viveram em dado período, é preciso situar umas em relação às outras. Sua datação é que permite isso.

Resultado: o esquema evolutivo não é tão simples assim. Hoje precisamos falar de "ramos evolutivos" de espécies de *Australopithecus, Paranthropus* e *Homo*: várias delas viveram ao mesmo tempo, por vezes no mesmo espaço geográfico.

O Paranthropus *e o* Homo habilis *coexistiram?*

Tomemos o exemplo da famosa Garganta de Olduvai, na Tanzânia. Há mais de sessenta anos, ali vêm sendo descobertos vários fósseis. Numa camada de cerca de 1,8 milhão de anos, alguns *Homo habilis* foram descobertos ao lado de ferramentas (por isso o nome "homens hábeis"). Essa espécie é contemporânea do *Paranthropus boisei*, antigamente chamado de australopiteco robusto, encontrado no mesmo local, mas que está num ramo evolutivo diferente.

Da mesma forma, na região oriental do lago Turkana, no Quênia, ossos de crânio e de esqueletos de *Paranthropus boisei*, *Homo habilis* e *Homo ergaster* (o *Homo erectus* africano) foram encontrados em diferentes sítios arqueológicos às margens do lago. É claro que essas espécies não surgiram e desapareceram ao mesmo tempo, e em dado momento t, há cerca de 1,8 Ma, as três viveram nessa região.

Homo erectus *na Ásia insular,* Homo neanderthalensis *na Europa,* Homo sapiens *na África*

Em Java (Indonésia), sucederam-se grupos de *Homo erectus* que, há 1,6 Ma, viveram a baixa do nível do mar que permitiu a passagem entre o continente e as ilhas durante as glaciações. Eles são situados há cerca de 800 mil anos no "domo de Sangiran", no centro da ilha, depois entre 200 mil e 100 mil anos nos sítios de Ngandong, Ngawi e Sambungmacan.

Na Europa, existiram várias espécies de *Homo*, também separadas por grandes lapsos de tempo... A partir de 120 mil anos, depois do *Homo heidelbergensis* (dotado de algumas características Neandertais, como o rosto protuberante), os Neandertais (*Homo neanderthalensis*) viveram em toda a Europa do Oeste (França, Bélgica, Alemanha, Espanha e Itália) e do Leste (Croácia, Romênia).

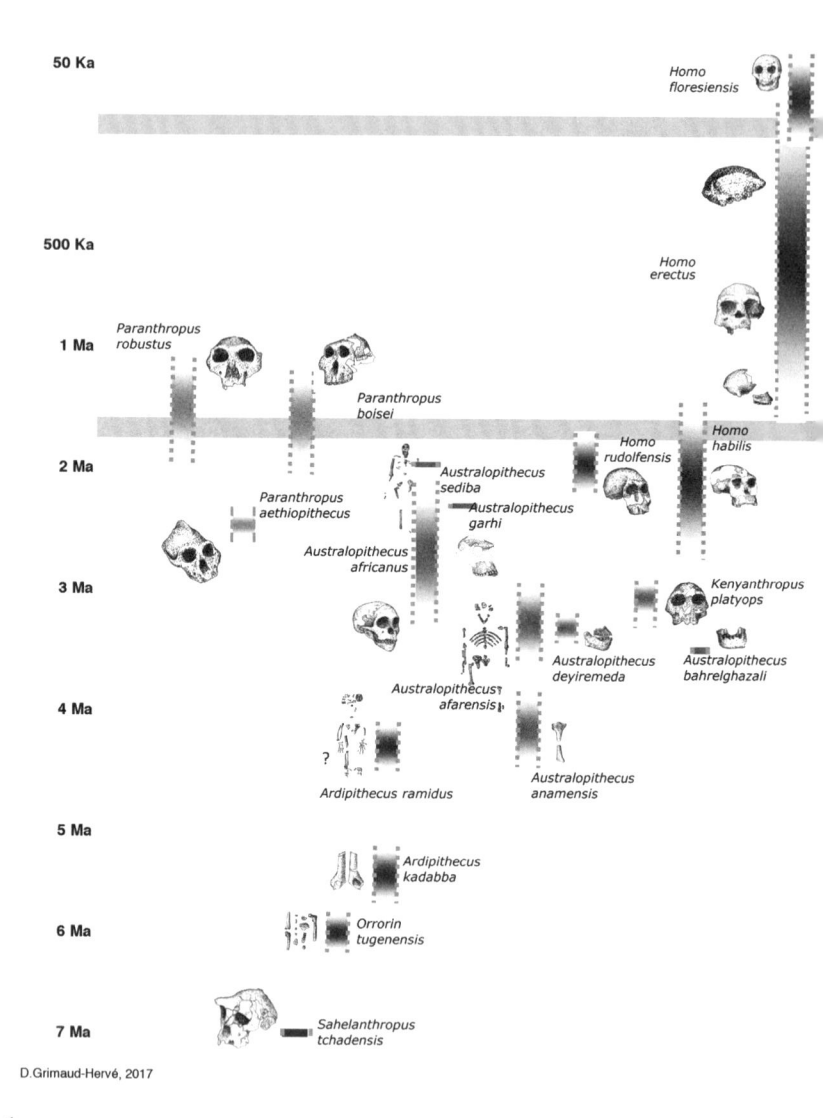

Árvore filética de todos os hominíneos (gêneros *Australopithecus*, *Paranthropus* e *Homo*). As duas faixas horizontais se situam há 1,8 milhão de anos (Ma) e 120 mil anos (120 ka). (Desenho de P. Hervé.)

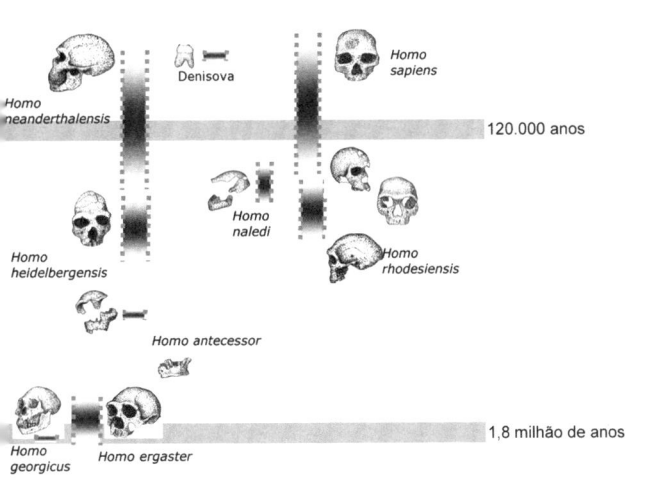

Há 1,8 Ma, o *Paranthropus*, o *Homo habilis* e o *Homo ergaster* viveram na África, e o *Homo georgicus* na Geórgia. Há 120 mil anos, o *Homo erectus* viveu em Java, o Neandertal na Europa e o *Homo sapiens* na África. Contemporâneas, todas essas espécies comprovam a existência de diferentes ramos evolutivos.

Assim, o *Homo erectus* e o Homem de Neandertal viveram num beco sem saída geográfico, a ilha de Java para o primeiro e a costa atlântica para o segundo. Eles se extinguiram sem deixar descendentes...

Enquanto isso, há 200 mil anos, o Homem anatomicamente moderno, certamente originário dos primeiros *Homo sapiens* presentes na África há 600 mil anos, se espalharam pela África. Ele é encontrado na Etiópia, em Omo Kibish, há 195 mil anos, e no Oriente Próximo há cerca de 100 mil anos, conforme atestado pelas cavernas de Skhul e Qafzeh. Depois disso, ele povoa o resto do mundo.

O que significa a presença dessas diferentes espécies, essa variedade de espécies num mesmo período e num mesmo lugar (*Paranthropus, Homo habilis, Homo ergaster*, na África Oriental) ou em regiões geográficas diferentes (*Homo erectus* na Ásia, Neandertal na Europa, *Homo sapiens* na África)? Em primeiro lugar, que elas não podem descender umas das outras! Depois, que cada uma conseguiu, à própria maneira, adaptar-se às mudanças climáticas e aos imperativos ambientais dessas épocas e desses meios.

Dominique Grimaud-Hervé

As primeiras ferramentas: quando, onde, quem?

As primeiras ferramentas costumam ser consideradas contemporâneas dos primeiros homens, surgidos há cerca de 2,8 milhões de anos. Essa hipótese se confirma?

A ferramenta é própria ao Homem? Por muito tempo, pesquisadores e cientistas pensaram que sim. O primeiro Homem, descoberto na África Oriental no final dos anos 1950, foi por isso mesmo chamado de *Homo habilis*, o homem hábil. No entanto, pesquisas recentes vêm derrubando essa ideia.

A revolução das primeiras ferramentas

Na África Oriental, berço da humanidade, as primeiras ferramentas de pedra foram descobertas. Até muito pouco tempo atrás, as mais antigas delas provinham de vários sítios arqueológicos, datados entre 2,6 e 2,3 milhões de anos. As duas regiões em que se encontram esses sítios também abrigavam fósseis de australopitecos, de parantropos e dos primeiros representantes do gênero *Homo*: *Homo habilis* e *Homo rudolfensis*. Estamos falando do Afar etíope, com os sítios de Gona (2,6 Ma) e Hadar (2,3 Ma), e da depressão de Omo-Turkana, que compreende as gargantas do vale do Omo (Etiópia, 2,4 Ma) e de Turkana Oeste (Quênia, 2,3 Ma).

As ferramentas, ou artefatos, estão associadas à presença do *Homo* numa única camada, em Hadar (fóssil AL666). Em todos os sítios, são formados por seixos de origem local, talhados num dos lados, blocos de pedra ou núcleos líticos que serviram para extrair lascas de rocha cortantes. A fabricação dessas ferramentas atesta uma revolução técnica (por sua concepção e pelos métodos utilizados), uma revolução social (dada a organização do grupo e o aprendizado que esse trabalho envolve) e também uma revolução alimentar (pois esses instrumentos deviam facilitar o consumo de carne).

Arcaísmo dos primeiros homens

Como essas primeiras ferramentas foram fabricadas? A pergunta é importante porque permite entender as aptidões necessárias para fabricá-las. Até os anos 1990, pensava-se que eram o resultado de uma curta série de gestos bastante simples – o que correspondia à ideia que se tinha da produção vinda dos primeiros Homens, surgidos no mesmo período. Desde então, várias descobertas abalaram essas certezas.

O primeiro abalo veio dos novos sítios arqueológicos descobertos nos anos 1990 em Gona e Turkana Oeste. Datados entre 2,6 e 2,3 Ma, revelaram a presença de milhares de artefatos, resultantes de sequências operatórias longas e organizadas. Dezenas de lascas podiam ser produzidas a partir de um único núcleo lítico. Era o fim da hipótese de arcaísmo! Mas se os primeiros Homens foram os autores dessas ferramentas, como elas podiam ser tão "elaboradas"? Outras ferramentas as teriam precedido? E quem as teria fabricado?

O segundo abalo veio a seguir. Paralelamente, estudos que mostraram que os chimpanzés e orangotangos de hoje têm a capacidade de utilizar e mesmo fabricar ferramentas, novas análises da morfologia da mão (tamanho do polegar, inserções musculares) sugeriram que certos australopitecos provavelmente também podiam talhar pedras. Duas equipes inclusive descobriram fósseis de *Australopithecus garhi* (Afar, Etiópia, cerca de 2,5 Ma) e, mais antigos, de *Australopithecus afarensis* (Afar, cerca de 3,3 Ma) perto de ossos fraturados de animais. Os pontos de impacto e as estrias visíveis nos fósseis sugerem que esses australopitecos utilizavam ferramentas de pedra para consumir a carne dos animais mortos.

Ferramentas de 3,3 milhões de anos!

O Homem (*Homo habilis*), portanto, não parece ter sido o primeiro a inventar ferramentas. Essa revolução conceitual foi sustentada, em 2015, por uma nova descoberta. A análise do sítio de Lomekwi 3 (Turkana Oeste), realizada a partir de 2012 por uma equipe franco-americana-queniana, de fato descobriu grandes ferramentas de pedra de cerca de 3,3 Ma, ou seja, 500 mil anos antes do surgimento do *Homo habilis*! E a espécie que poderia estar associada a essas ferramentas não seria um australopiteco, mas um de seus contemporâneos, o *Kenyanthropus platyops*. Com certeza não chegamos ao fim de nossas surpresas...

David Pleurdeau

Desde quando o Homem utiliza o fogo?

Há pelo menos 450 mil anos, o Homo erectus *descobriu como utilizar o fogo. Uma revolução cujos detalhes começam a ser investigados.*

Em certos sítios pré-históricos da África com mais de 1 milhão de anos foram encontrados vestígios de fogo. Serão de origem natural ou humana? Ao que tudo indica, natural, pois não nos permitem estabelecer que os grupos humanos da época tinham "domesticado" o fogo, isto é, que sabiam produzir e manter um fogo nos locais onde se instalavam.

À época, não se sabia fazer fogo. Era preciso retirá-lo de fontes naturais e, a seguir, alimentá-lo com algum combustível. Os Homens sem dúvida sabiam pegar galhos em chamas para criar pequenas fogueiras. Valia a pena! Cozidos, os alimentos, carnes ou vegetais, ficavam muito mais fáceis de digerir e tinham mais qualidades nutritivas e energéticas. O desenvolvimento biológico do *Homo erectus* e de seus contemporâneos da Eurásia e da África (*Homo ergaster* e *Homo heidelbergensis*) foi provavelmente favorecido por esse domínio do fogo.

Dos fogos espontâneos às fogueiras domesticadas

Entre 1 milhão e 500 mil anos atrás, certos grupos humanos dominavam o fogo nos meios em que viviam. Alguns sítios arqueológicos desse período revelaram a presença de elementos queimados (lascas de sílex, ossos, carvão de madeira, cinzas) não espalhados ao acaso sobre o solo. É o caso de Wonderwerk, na África do Sul (1 milhão de anos), de Gesher Benot Ya'aqov, em Israel (800 mil anos), Zhoukoudian, na China, Stranska Skala, na Tchecoslováquia (entre 700 mil e 600 mil anos).

Foi há cerca de 450 mil anos que o *Homo erectus* "domesticou" o fogo. Foram encontradas, de fato, verdadeiras fogueiras datadas desse período, com marcas de solo queimado e cinzas acumuladas, ou elementos calcinados, às vezes visíveis apenas no microscópio. Essas fogueiras haviam sido acesas diretamente sobre o chão ou dentro de leve depressão, como na camada inferior de Menez Dregan (Bretanha, 465 mil anos). Às vezes, a fogueira era arranjada com pedras, como na camada 5 desse mesmo sítio (cerca de 350 mil anos), ou em Terra Amata (Côte-d'Azur, 380 mil anos), onde foi encontrada uma mureta que funcionava como guarda-vento.

E o isqueiro pré-histórico?

Como esses Homens faziam fogo? Essa pergunta ainda não foi respondida de maneira satisfatória. Talvez o *Homo erectus* e seus contemporâneos soubessem transportar brasas sobre pedaços de pedra, madeira ou casca de árvore, por exemplo. Até o século XIX, antes do uso dos fósforos, percutia-se um pedaço de metal com sílex. Quando batemos minerais ricos em ferro e relativamente friáveis, como a pirita ou a marcassita, com uma ferramenta de sílex, produzimos partículas incandescentes capazes de atear fogo a um pouco de palha bem seca ou fungo-pavio. Outro procedimento consiste em atritar dois pedaços de madeira um contra o outro. Eles esquentam e a serragem incandescente que eles produzem pode inflamar um combustível.

Seja como for, o uso do fogo na vida cotidiana da humanidade foi um progresso considerável. Ele produz luz e calor, protege dos animais, permite cozinhar os alimentos. Uma nova organização social surge a partir dele, ainda que apenas para manter as fogueiras acesas e cozinhar os alimentos, que não são mais consumidos no mesmo lugar em que são obtidos.

Claire Gaillard

Quem foi o primeiro a sair da África?

Surgidas na África, as populações do gênero Homo *se espalharam por toda a Eurásia. Mas a partir de quando? E quais foram as espécies pioneiras?*

Dmanisi, na Geórgia, localiza-se na passagem da África para a Eurásia. Em 1991, essa garganta revelou os mais antigos fósseis de representantes do gênero *Homo* que viveram fora da África. Com cerca de 1,8 milhão de anos, os esqueletos de cinco indivíduos muito bem conservados estavam associados a ossos de animais e ferramentas líticas (seixos talhados, principalmente), atestando a existência de vários tipos de habitats.

Os mais antigos fósseis humanos fora da África

Antes dessa descoberta, considerava-se que o agente da primeira migração para fora da África havia sido o *Homo ergaster*, que é o *Homo erectus* africano. Ora, os esqueletos descobertos em Dmanisi pertenciam a indivíduos com morfologias diferentes, alguns com características próximas das do *Homo habilis* e outros com características próximas das do *Homo ergaster*. Quem eram eles?

Esses *Homo* fósseis foram descobertos numa mesma camada geológica, com exatamente 1,77 milhão de anos. Eles provavelmente pertenciam, portanto, a uma mesma população. As diferenças morfológicas observadas entre os indivíduos talvez se

1,2 Ma
Elefante, Atapuerca
Espanha

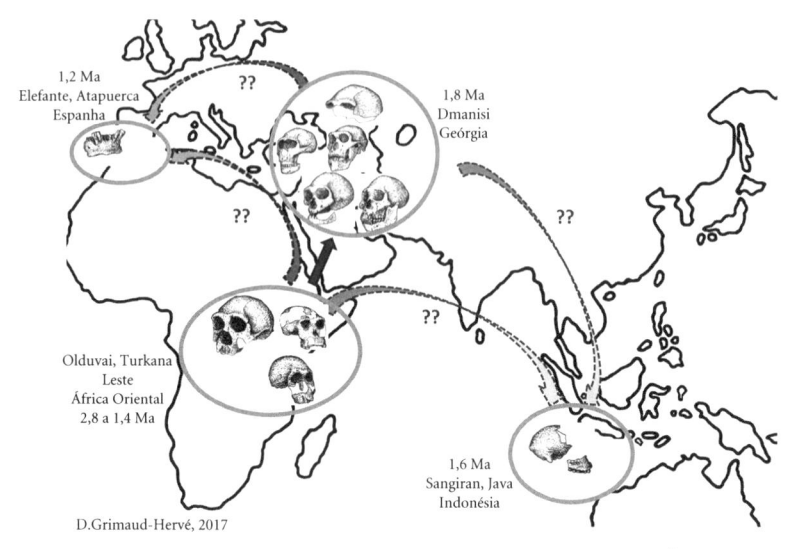

1,8 Ma
Dmanisi
Geórgia

Olduvai, Turkana
Leste
África Oriental
2,8 a 1,4 Ma

1,6 Ma
Sangiran, Java
Indonésia

D.Grimaud-Hervé, 2017

Há cerca de 1,8 milhão de anos, os Homens saíram da África. Eles foram encontrados na Geórgia, depois na Ásia insular há 1,6 Ma e na Espanha há 1,2 Ma. A origem desses fósseis da Ásia e da Europa é discutida: vieram da Geórgia? Da África? (Desenho de P. Hervé.)

devessem a diferentes estágios de desenvolvimento (adolescentes ou adultos) e ao dimorfismo entre homens e mulheres? Ainda não se respondeu satisfatoriamente a esta pergunta.

Uma nova espécie?

À espera de novas descobertas, os pesquisadores cogitam duas soluções para essa questão: isolar os homens fósseis de Dmanisi numa nova espécie ou reunir todas as espécies de morfologia assemelhada (*Homo habilis, Homo ergaster, Homo erectus*) numa só, *Homo erectus*.

A primeira solução permite que se tome tempo para reflexão. Quando não se sabe alguma coisa, pode ser prático criar uma nova espécie que represente um marco num galho de um ramo evolutivo do Homem, e depois esperar por novas informações. A segunda opção é mais simples, mas mais radical: colocar todos os homens fósseis descobertos na África e na Ásia entre 2,8 milhões e 800 mil anos atrás num mesmo conjunto não leva à compreensão de como os grupos se situavam uns em relação aos outros, ou de sua origem, sua evolução e seus laços. Hoje, a comunidade científica está muito dividida a esse respeito.

Mas a descoberta de Dmanisi não deixa de ser extraordinária! Todos os seus esqueletos estão muito bem conservados. Trata-se da primeira vez que um grupo de homens fósseis tão antigos é descoberto num estado de conservação tão excelente, mesmo fora de uma sepultura que protegesse seus corpos.

Um sistema de cooperação

O grupo de Dmanisi é formado por um adolescente e por quatro adultos, dentre os quais uma mulher idosa que havia perdido todos os dentes. Sabemos que essa mulher sobreviveu porque o osso de sua mandíbula está cicatrizado. Como não podia alimentar-se normalmente, com certeza foi cuidada pelo grupo. Este é o mais antigo indício de cooperação já descoberto! A altura dos indivíduos foi estimada, segundo o comprimento do fêmur, entre 1,45 e 1,66 m, e seu peso entre 40 e 50 kg. Seu cérebro tinha um volume de 546 e 780 cm^3, ou seja, duas vezes menor que o do homem moderno. Sua indústria compreendia seixos talhados e lascas obtidas a partir de rochas existentes em torno do local.

E depois de Dmanisi?

Após essa primeira saída da África, o que aconteceu? Depois de Dmanisi, os mais antigos fósseis humanos fora da África foram descobertos na Ásia insular, com 1,6 a 1,8 milhão de anos (Sangiran, Mojokerto, na Indonésia), e na Espanha, com 1,2 milhão de anos (Elefante, Atapuerca). De onde eles vieram? Da Geórgia? Da África? Sua origem é hoje amplamente debatida... e a pergunta continua sem resposta!

Dominique Grimaud-Hervé

Neandertal: mais ou menos inteligente do que *sapiens*?

Primeiro humano fóssil reconhecido, o Homem de Neandertal por muito tempo foi considerado uma espécie mais próxima do macaco do que do homem. Uma ideia errônea.

Por cerca de 300 mil anos, na Europa e no Oriente Próximo, os Neandertais viveram em diferentes ambientes e sob climas cambiantes. Tal longevidade por si só confirma sua capacidade de adaptação e suas habilidades. Nos últimos anos, várias descobertas também confirmaram qualidades que pensávamos exclusivas do homem moderno. Por muito tempo se imaginou, por exemplo, que por sua anatomia e por seu comportamento, o Neandertal tivesse uma linguagem articulada, o que parece confirmado pela descoberta, em seu genoma, da mesma variante do gene *FOXP2*, associado à linguagem.

Um hábil artesão

O Neandertal era um caçador-coletor que explorava os recursos naturais, como a pedra e a madeira, para talhar suas ferramentas e armas. Ele foi o inventor da técnica chamada Levallois, um método sofisticado de corte de blocos de pedra, ou núcleo lítico, de onde eram retiradas lascas úteis. Ele construía suas habitações e organizava o espaço doméstico. Conforme mostrado por várias fogueiras encontradas em sítios pré-históricos, ele dominava o fogo. Nômade, deslocava-se com frequência para obter os recursos necessários à sobrevivência por vastos territórios.

O Neandertal via o animal como um conjunto de recursos alimentares (carne, tutano, gordura) e não alimentares (pele, tendões, ossos). Ele tirava sua pele, desmembrava-o e desarticulava-o segundo modos operatórios idênticos aos que seriam praticados pelo homem moderno. Ele foi o primeiro a utilizar os ossos de mamute como elementos de construção (Molodova I, Ucrânia). Os últimos Neandertais, como os de Arcy-sur-Cure (Yonne, França), também confeccionavam roupas e ferramentas ou armas com ossos ou galhadas de rena.

Alimentação diversificada

Ao contrário do que se pensava até pouco tempo atrás, o Neandertal tinha uma alimentação variada. Ele praticava a colheita, a coleta (inclusive de carniça), a pesca e a caça. Era um grande comedor de carne de grandes mamíferos – cavalos, bisões, cervídeos etc., e até mamutes –, mas também de lebres e coelhos, e de pássaros. Muitos estudos confirmaram que elaborava verdadeiras estratégias de caça. Ele também consumia com regularidade frutas, plantas herbáceas (sorgo, em Spy, na Bélgica, cevada em Shanidar, no Iraque), plantas aquáticas (nenúfares, em Spy), cereais selvagens (em Payre, na região da Ardèche, França), mas também peixes de água doce. Em Banyoles (Espanha), sítio arqueológico às margens de um lago, ele comia peixe seco cotidianamente e conservava suas peles. Na beira do mar, colhia conchas marinhas acessíveis durante a maré baixa – mariscos, moluscos (Bajondillo, Espanha). Às vezes também recolhia focas, golfinhos ou outros mamíferos marinhos encalhados na praia (por exemplo, em Vanguard e Gorham, Gibraltar).

Atividades simbólicas

Isso não é tudo. O Neandertal enterrava seus mortos e praticava diferentes ritos funerários: "culto dos crânios", sepultamento

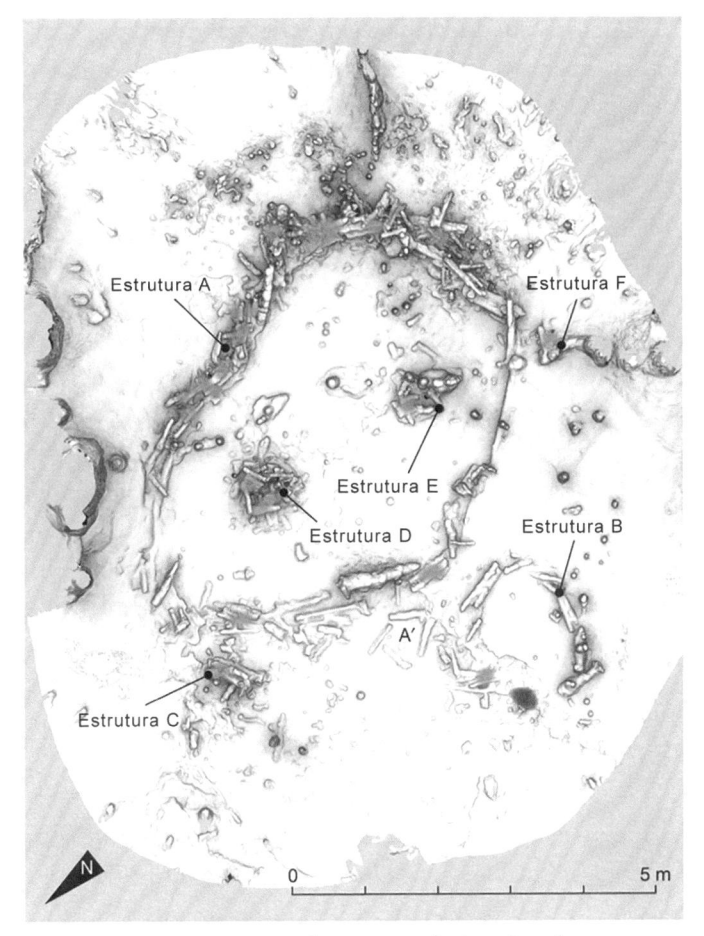

Esquema das seis construções da caverna de Bruniquel.

em duas etapas e até mesmo endocanibalismo, isto é, o consumo dos mortos do grupo. Ele às vezes depositava "oferendas" junto aos mortos. Vários estudos atestam que era capaz de produzir uma cultura material simbólica: guardava fósseis ou cristais bonitos, utilizava pigmentos, conchas marinhas, pedras e ossos que gravava com incisões e organizava em série (Qafzeh, Israel).

Além disso, ele recolhia garras de aves de rapina (Krapina, Croácia) e penas de pássaros (Fumane, Itália) para confeccionar adereços ou para um uso simbólico ainda desconhecido. A descoberta de traçados geométricos gravados na caverna de Gorham sugere que era capaz de abstração. Quase 130 mil anos antes dos homens modernos, os Neandertais se aventuraram no mundo subterrâneo e, fato único, realizaram uma construção absolutamente inédita, dada a natureza do material utilizado: fragmentos de estalagmites. Isso há mais de 176 mil anos atrás, na caverna de Bruniquel (Tarn-et-Garonne). A 336 metros da entrada, eles criaram duas estruturas, uma grande, anelar, e outra menor, com 399 pesados pedaços de estalagmites de tamanho mais ou menos similar. Para conseguir enxergar, os Neandertais acenderam fogueiras, conforme atestado pelos vestígios de aquecimento da calcita encontrados no solo e alguns ossos queimados – únicos vestígios arqueológicos. A hipótese de utilização desse local como refúgio é pouco provável, e a motivação e a função dessas estruturas continuam ignoradas. Todas essas manifestações sugerem a existência de um pensamento metafísico e simbólico comparável ao do homem moderno.

Por fim, as semelhanças de comportamento entre o Neandertal e o Homem moderno são mais importantes do que as diferenças entre os dois. Ele era tão inteligente quanto nós.

Marylène Patou-Mathis

O QUE NOS REVELA O DNA DO HOMEM DE NEANDERTAL?

Em meados da década de 1980, os cientistas descobriram que a molécula de DNA pode ser preservada por milhares de anos. A busca do DNA presente nos fósseis dos Homens de Neandertal teve início. O que se descobriu desde então?

A senhora Neandertal flertava com o senhor Homem moderno (e vice-versa)? Sim, dizem os paleontólogos! Como sabemos isso? Graças ao DNA, essa molécula frágil e no entanto tão resistente à passagem do tempo, que constitui nosso genoma, nosso patrimônio genético. Ela foi encontrada em ossos com mais de 50 mil anos, danificada mas em quantidade suficiente para que depois de inúmeros esforços os geneticistas conseguissem fazê-la falar.

Até que ponto somos parentes?

Vários ossos de Neandertais da Europa e da Rússia falaram, principalmente os das Montanhas Altai. Conclusão: o Neandertal é nosso parente próximo; nosso DNA se parece com o dele de oito a nove vezes mais do que com o dos chimpanzés, nossos primos.

Na verdade, o DNA do Neandertal é um pouco mais parecido com o dos Homens modernos não africanos do que com o dos africanos. Podemos deduzir que os neandertalenses se uniram aos ancestrais dos asiáticos, ameríndios, oceânicos e europeus, há 50 ou 60 mil anos, dando origem a algumas centenas de descendentes férteis. As duas espécies conviveram talvez durante cinquenta séculos e sua mestiçagem contribuiu com cerca de 1,5% do genoma dos não africanos. Em termos mais exatos, o Neandertal legou aos eurasianos duas dezenas de genes, que intervêm notadamente na formação da queratina, uma proteína dos cabelos e da pele, e nas defesas imunológicas.

Um retrato-robô do Neandertal?

Infelizmente, ainda não foi possível relacionar com toda certeza as características genéticas à estatura, à morfologia geral, à cor dos olhos, da pele ou dos cabelos. Por outro lado, a aparência de um indivíduo também depende do ambiente em que ele vive. Portanto, é difícil deduzir a aparência do Neandertal por meio de seu DNA. Os esqueletos de Neandertais encontrados nos fornecem algumas informações, como a presença de arcadas supraciliares proeminentes marcando o rosto.

No entanto, os genes que intervêm no gasto de energia, na distribuição dos pelos no corpo e na estatura geral são específicos ao Neandertal, em comparação ao Homem moderno. É o caso de vários genes que contribuem para o desenvolvimento da coluna vertebral. Eles indicam que o Neandertal tinha uma curvatura pouco pronunciada da lombar. Da mesma forma, o gene *MC1R*, que intervém na pigmentação da pele e dos cabelos, é inativo em certos Neandertais. No homem moderno, isso leva a uma pele muito pálida e a cabelos ruivos. Mas assim como entre nós, sem dúvida reinava entre eles uma diversidade de cores de pele e de cabelos.

Um misterioso desaparecimento

Embora o DNA dos Neandertais não diga muita coisa a respeito de sua aparência, podemos obter dele outras informações.

Cada genoma é metade de origem paterna e metade de origem materna: comparando os cromossomos paterno e materno em vários indivíduos, é possível conhecer a diversidade genética da população a que eles pertencem. Essa diversidade é de três a quatro vezes mais fraca nos Neandertais do que nos humanos modernos (Cro-Magnon e nós). Um Neandertal de Altai é filho de cruzamentos consanguíneos próximos, como entre um tio e uma sobrinha, ou um meio-irmão e uma meia-irmã.

Portanto, é provável que os Neandertais formassem uma população pequena ou estivessem divididos em vários grupos que pouco se frequentassem. A homogeneidade genética resultante talvez os tenha tornado mais vulneráveis aos micróbios patogênicos trazidos pelo Cro-Magnon ou às mudanças ambientais. Isso poderia explicar seu desaparecimento – há cerca de 40 mil anos, segundo as datações mais recentes.

Céline Bon

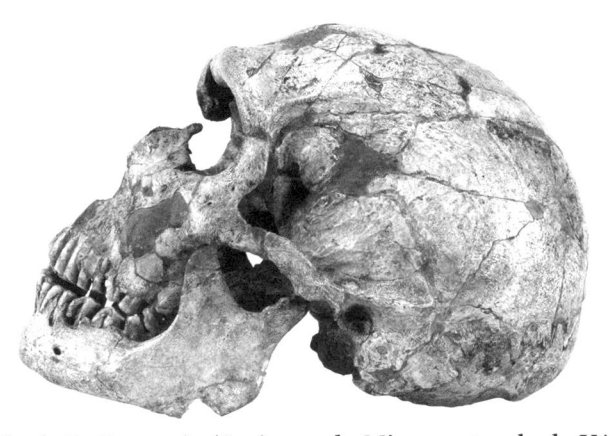

Crânio de La Ferrassie (Savignac-de-Miremont, vale de Vézère, Dordogne, França). Nesse sítio arqueológico, os paleontólogos descobriram esqueletos bastante completos de sete indivíduos Neandertais: dois adultos, três crianças, um bebê e um feto. Esse crânio bem preservado foi exumado em 1909. Segundo as datações mais recentes, esse indivíduo teria vivido há cerca de 45 mil anos.

Como os pesquisadores fazem para calcular o tempo?

Era do Homem, Era do Gelo, essa é a imagem que costumamos ter do período "Quaternário".

Marcado pela evolução do gênero *Homo* e por complexas oscilações climáticas, ele teve início há cerca de 2,6 milhões de anos e não constitui mais do que uma ínfima parte da história do planeta Terra: se a duração dessa história fosse condensada num só ano, o período Quaternário teria início no dia 31 de dezembro, ao anoitecer, e o surgimento das sociedades de agricultores e criadores de animais aconteceria no último minuto antes da meia-noite.

Penetrar na densidade do tempo

Por muitos séculos, a percepção do tempo em relação à história do planeta Terra, da vida e do Homem esteve baseada nos textos sagrados. Foi apenas no século XIX que se tomou consciência da evolução biológica e de sua inserção no tempo. Da mesma forma, não foi fácil compreender a multiplicidade dos ciclos climáticos para além do único evento relatado pelas grandes religiões, que separa o período "antediluviano" do período após o dilúvio.

Ao longo da história do Homem, tempo rima, acima de tudo, com clima. A cronologia do Quaternário, com uma centena de ciclos glaciares-interglaciares, está inscrita nos sedimentos do fundo dos oceanos e nas geleiras das calotas polares, onde microfósseis, água e gás revelam, em suas composições (por exemplo, na relação entre os isótopos do oxigênio ou na estrutura química das proteínas fósseis), parâmetros ligados à temperatura ou à salinidade da água do mar e, indiretamente, ao volume das geleiras e, portanto, ao nível dos mares.

É difícil para a mente humana penetrar na densidade do tempo. Durações como cem ou mil séculos têm um significado muito relativo. A relação entre tempo e clima volta-se, então, para uma percepção intuitiva ritmada acima de tudo pelo ciclo das estações, pelas marcas deixadas no ambiente por um inverno muito rigoroso ou por uma canícula estival. A história, por exemplo, conserva a imagem da "pequena era glacial", ilustrada em meados do século XVI pelas paisagens geladas de Bruegel, o Velho; mais profundamente ainda, essa memória penetra a pré-história graças a "fósseis", como os pinguins representados há 20 mil anos (última glaciação) nas paredes da Caverna de Cosquer, cuja entrada hoje se situa trinta metros abaixo do nível do Mediterrâneo.

Datar os objetos e os sedimentos geológicos

Para além da cronologia relativa revelada pelos "arquivos" dos ciclos climáticos ou pelo surgimento e desaparecimento de espécies fósseis, a medida absoluta de tempo nos fornece um quadro cronológico, instrumento fundamental para compreendermos a evolução biológica e cultural do gênero *Homo*, desde seu surgimento, sua saída da África e a conquista do Mundo Antigo, até o povoamento de todo o planeta pelo *Homo sapiens*. Tempo, aqui, rima com radioatividade, com luz e com campo magnético.

Um uso conhecido da radioatividade natural é o do isótopo 14 do carbono. Presente em proporção conhecida nos tecidos vivos, ele se desintegra depois da morte: metade dos átomos desaparece em 5.730 anos. O teor residual permite datar fósseis de até 40 mil anos. Existem outros cronômetros radioativos, como o argônio radiogênico (^{40}Ar), útil para datar as erupções vulcânicas, ou a medida do alcance progressivo de um equilíbrio isotópico (método das séries de urânio), empregada por exemplo nos solos estalagmíticos das cavernas.

Os defeitos de estrutura de edifícios (micro-)cristalinos (grãos de quartzo, sílex aquecido) ou tecidos biológicos mineralizados (como o esmalte dentário) constituem armadilhas que acumulam energia sob o efeito da fraca radioatividade do ambiente. Quando essas armadilhas são excitadas, a energia é liberada na forma de luz (luminescência), cuja intensidade e características permitem a determinação da idade da sedimentação.

Também é possível identificar, nos derramamentos vulcânicos e nos depósitos sedimentares, a polaridade do campo magnético terrestre, que se inverteu várias vezes ao longo do Quaternário (a última inversão foi há cerca de 780 mil anos), permitindo a determinação de marcos cronológicos.

François Sémah

Quem foi o primeiro *Homo sapiens*?

Homo sapiens, duas palavras que designam uma espécie, a nossa, sobre a qual pensamos saber tudo, ou quase. Quase tudo porque quando se trata de determinar o que nos diferencia das espécies de Homens pré-históricos, a coisa complica...

Somos *Homo sapiens*. Animais, mamíferos e primatas entre vários outros; representantes do gênero *Homo* e, por fim, é claro, a única espécie *sapiens*. (A denominação *Homo sapiens sapiens* não é mais utilizada desde que os Neandertais foram classificados como uma espécie diferente, *Homo neanderthalensis*; o termo "Homem moderno" também é bastante utilizado.)

O que temos de diferente?

O *Homo sapiens* só se distingue das outras espécies de Homens, todas desaparecidas, por algumas discretas particularidades, como a presença de queixo no osso da mandíbula e o formato "de casa" de seu crânio. Mas, ao contrário do que se pensa, nosso cérebro é em média 15% menor do que o dos *Homo sapiens* de 30 mil anos atrás e 20% menor do que o dos Neandertais.

De onde vem esse *Homo sapiens*? Hoje, a hipótese "Fora da África" é a mais aceita: os Homens modernos se diferenciaram na África há algumas centenas de milhares de anos a partir de um ancestral, talvez o *Homo rhodesiensis*, e depois se dispersaram pelo resto do planeta. Na Eurásia, as populações locais foram substituídas por esses recém-chegados. Uma segunda hipótese, chamada multirregional, ainda tem alguns defensores, mas não é compatível com os dados mais recentes: o *Homo sapiens* não teria uma origem única, ele teria se diferenciado a partir de populações diferentes presentes em várias regiões da África, da Europa, da Ásia e da Oceania; as características do Homem moderno seriam o resultado dos cruzamentos entre essas populações.

Quais são nossos vestígios mais antigos?

Na verdade, os fósseis dos primeiros Homens modernos conhecidos sustentam a hipótese africana. Os mais antigos representantes que podem ser classificados como pertencentes a nossa espécie, por sua anatomia, foram encontrados em Djebel Irhoud, no Marrocos, e têm mais de 300 mil anos. Depois vêm os fósseis encontrados na Etiópia, nos sítios arqueológicos de Omo Kibish (em 1967) e Herto (em 2003), que têm respectivamente de 196 mil anos e 160 mil anos. Fósseis mais recentes, com 150 mil e 100 mil anos, foram encontrados em outros lugares da África. Fora do continente africano, os mais antigos vestígios de *Homo sapiens* foram encontrados no Oriente Próximo, principalmente nos sítios de Skhul (Monte Carmelo) e Qafzeh (Monte do Precipício, Galileia), em Israel. Eles têm mais de 100 mil anos. Os Homens da época encontraram os Neandertais e sem dúvida se reproduziram com eles, voltando a encontrá-los mais tarde na Europa.

Os espécimes do Homem moderno descobertos na Eurásia indicam sua chegada antes de 50 mil anos atrás na Ásia continental, talvez há 100 mil anos na China e na Austrália, depois há cerca de 40 mil anos na Europa. Na Ásia, ele pode ter se deparado com o Homem de Flores (*Homo floresiensis*, descoberto na Indonésia) ou com as últimas populações de *Homo erectus*. A conquista das Américas provavelmente teve início há mais de 30 mil anos. As ilhas do Pacífico foram os últimos territórios habitáveis conquistados, a partir da América e da Austrália.

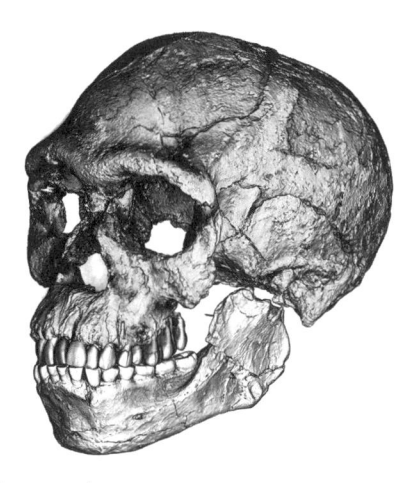

O primeiro *Homo sapiens*, reconstrução composta a partir de um crânio e de uma mandíbula de Djebel Irhoud (Marrocos), de 300 mil anos.

A diversidade humana numa única espécie

Depois que saíram da África, os Homens modernos nunca pararam de se deslocar, em todos os sentidos, por nosso belo planeta azul. Hoje sabemos que a diversidade humana não pode ser classificada de acordo com o tamanho das diferentes partes do crânio, ou segundo a cor da pele ou os genes. Tudo isso varia constantemente, dependendo da época e das regiões em questão. A boa nova é que somos interfecundos: graças a nossa história comum, todos os seres humanos são da mesma espécie e muito parecidos geneticamente. Temos nacionalidades, línguas, às vezes religiões diferentes, mas nossa hereditariedade comum faz com que o termo raça não possa ser aplicado ao *Homo sapiens*.

Antoine Balzeau

O *Homo sapiens* e a conquista do mundo: quando, como, por quê?

Quando, como e por que nossa espécie, Homo sapiens, *conquistou o planeta em algumas dezenas de milhares de anos? Os indícios deixados pelos primeiros ocupantes de cada região permitem reconstituir essa grande história.*

A história do *Homo sapiens* pode às vezes parecer enganosa. Não devemos imaginar que, recém-nascida na África, nossa espécie logo tenha se apressado a sair de lá. Na verdade, desses períodos antigos até hoje, a história do *Homo sapiens* é em grande parte africana! Nosso berço é africano, ainda que sua localização exata permaneça em discussão. Foi na África do Norte que os mais antigos fósseis, de cerca de 300 mil anos, foram descobertos.

Uma história familiar: sair (e não sair) do berço

Há 200 mil anos o *Homo sapiens* vivia na África do Norte, na África Oriental e, talvez um pouco mais tarde, na África Austral. Em todas essas regiões, os sítios pré-históricos revelaram inovações técnicas e culturais importantes: diversificação e especialização das ferramentas, exploração dos recursos marítimos ou fabricação de objetos de valor simbólico. Inovações que, na bagagem do *Homo sapiens*, tiveram um papel decisivo em sua história de sucesso.

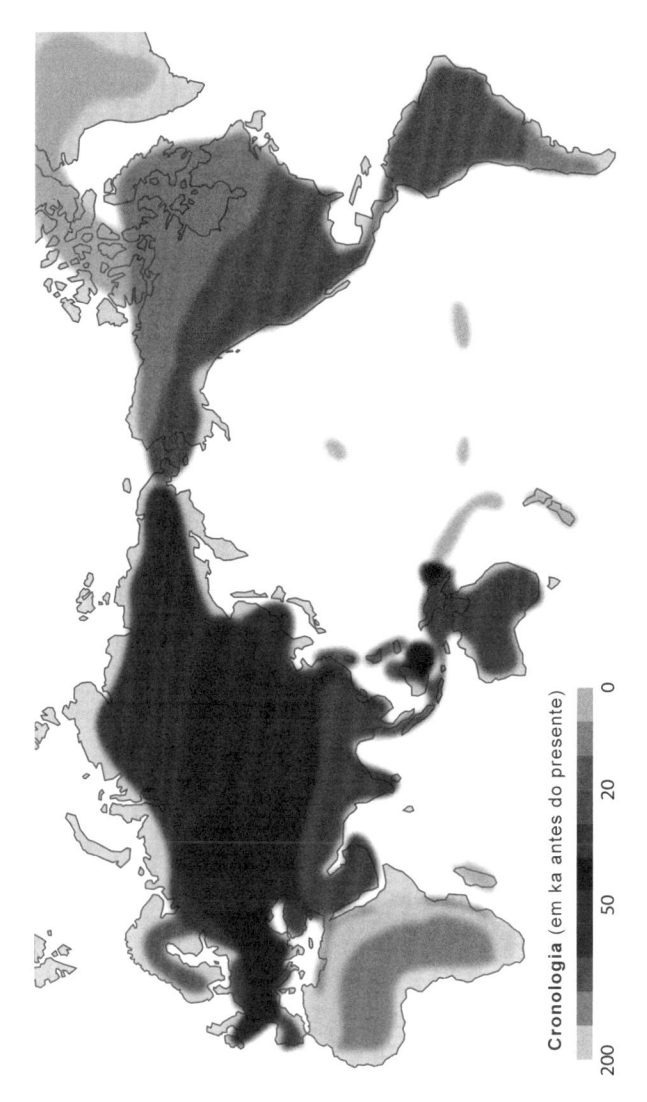

Cronologia das dispersões do *Homo sapiens* pelo mundo.

Os primeiros a sair da África: tentativas e... erros?

Os mais antigos fósseis de *Homo sapiens* conhecidos fora da África datam de mais de 90 mil anos. Eles foram descobertos no Oriente Próximo, nos sítios arqueológicos de Skhul e Qafzeh (Israel), nas mais antigas sepulturas conhecidas. No entanto, a genética indica que essa primeira saída da África talvez tenha sido abortada. De fato, a saída na origem de todos os homens e mulheres que hoje vivem nos continentes eurasiático, australiano e americano parece ter acontecido mais tarde, entre 80 e 60 mil anos atrás.

De oeste a leste e de sul a norte: descobertas e encontros

Essa nova saída da África provavelmente levou a alguns encontros – e mestiçagens! – com os Neandertais, também presentes no Oriente Próximo à época. Depois, em alguns milhares de anos, as zonas geográficas ocupadas pelo *Homo sapiens* se estenderam consideravelmente. Primeiro no continente asiático, onde ele avançou para o leste numa ampla faixa costeira ao longo do oceano Índico, até chegar à Austrália, há cerca de 50 mil anos, depois de atravessar vários braços de mar.

A conquista desse continente-ilha é fascinante, pois implicou a travessia de vários braços de mar e, portanto, um certo domínio da navegação. Provavelmente nunca saberemos como eram essas embarcações, construídas com materiais perecíveis. Mas é certo que o povoamento de um território tão vasto se deve pouco à sorte de um pequeno grupo de homens à deriva. Ele foi o resultado da travessia repetida de um número suficiente de homens e mulheres, até a fixação de uma população viável.

As populações a seguir se espalharam para o norte da Ásia central e oriental, depois para o oeste, chegando à Europa há cerca de 40 mil anos. O *Homo sapiens* se encontrou novamente com o Neandertal? Este último talvez já tivesse desaparecido, mas os dados são contraditórios e a questão permanece... um mistério. Chegando progressivamente a todas as regiões do Mundo Antigo, alguns grupos passaram então pelo Estreito de Bering e descobriram a América, há pelo menos 20 mil anos. O *Homo sapiens* se espalhou por quase todo o planeta. Vários milhões de anos mais tarde, depois de aprender a navegar por distâncias muito longas e a domesticar os animais e as plantas, ele fez sua última grande conquista: centenas de pequenas ilhas perdidas no meio do oceano Pacífico.

      Resta entender o motivo dessa "planetarização". Mas precisamos admitir que essa questão sempre guardará uma parte de mistério...

Florent Détroit

Por que Cristóvão Colombo não descobriu a América?

"Cristóvão Colombo, como todos sabem, foi louvado pela posteridade por ter sido o último a descobrir a América", escreveu James Joyce. Uma boa maneira de resumir um debate ainda vivo sobre a origem dos ameríndios.

Na escala da evolução humana, a colonização de outros continentes pelo Homem representa o último capítulo, e a América, o último continente povoado. No entanto, a história do povoamento do Novo Mundo fascinou os pesquisadores de todas as disciplinas como poucos outros assuntos. Depois da viagem (1492) de Cristóvão Colombo, por quem os americanos nativos, ou ameríndios, foram "descobertos", o debate em torno de sua origem nunca realmente cessou. No início, os fenícios, os cananeus – povos do Oriente Próximo antigo – e mesmo os sobreviventes da mítica Atlântida foram lembrados como seus possíveis ancestrais. No século XVI, um jesuíta, José de Acosta (1539-1600), propôs uma das primeiras teorias sérias: os ameríndios teriam uma origem asiática, teriam chegado à América por uma ponte terrestre que ligava os dois continentes. No século XX, muitos antropólogos defenderam essa tese, como Paul Rivet (1876-1958), diretor do Museu de Etnografia do Trocadéro, o futuro Museu do Homem.

Uma origem asiática muito real...

Muitos estudos sustentaram a origem asiática dos ameríndios, embora a região ancestral exata continue em discussão.

De fato, os crânios dos ameríndios se parecem muito com os crânios de indivíduos da região nordeste da Ásia da mesma época: apresentam a abóbada craniana relativamente curta e larga, o rosto largo com mandíbulas que não se projetam para a frente, e aberturas nasais e orbitais altas e estreitas. Além disso, os ameríndios compartilham com populações mongóis e sul-siberianas uma série de particularidades genéticas, como por exemplo o "haplogrupo X".* Por fim, estudos linguísticos destacam a enorme diversidade de línguas encontradas no continente americano, relacionadas às línguas asiáticas.

...e mais antiga do que o imaginado

No entanto, duas perguntas-chave a respeito do primeiro povoamento das Américas ainda precisam ser respondidas: quando e quantas foram as migrações. Uma descoberta recente sugere a presença humana na América há 130 mil anos, mas esta, se for confirmada, talvez não seja da nossa espécie, *Homo sapiens*, mas de um de nossos ancestrais. Os mais antigos fósseis humanos hoje conhecidos na América têm entre 10 e 12 mil anos. Entre esses fósseis figuram por exemplo os sítios arqueológicos de Hoyo Negro, no México, de Anzick (Montana) ou de Lagoa Santa (Brasil). Ora, várias descobertas de ferramentas de pedra, em Clovis, no Novo México, na década de 1920, depois em outros sítios arqueológicos, Pedra Furada (Brasil) e Bluefish Caves (Canadá), elevaram a idade dos primeiros ameríndios a 20 ou 30 mil anos antes de nossa era. Embora as datações mais antigas ainda sejam motivo de debate, a chegada do Homem na América foi estabelecida em no mínimo 15 mil anos.

---

* Na genética humana, o haplogrupo X apresenta variações no DNA mitocondrial e é típico da Eurásia Ocidental e de povos nativos da América do Norte. (N.E.)

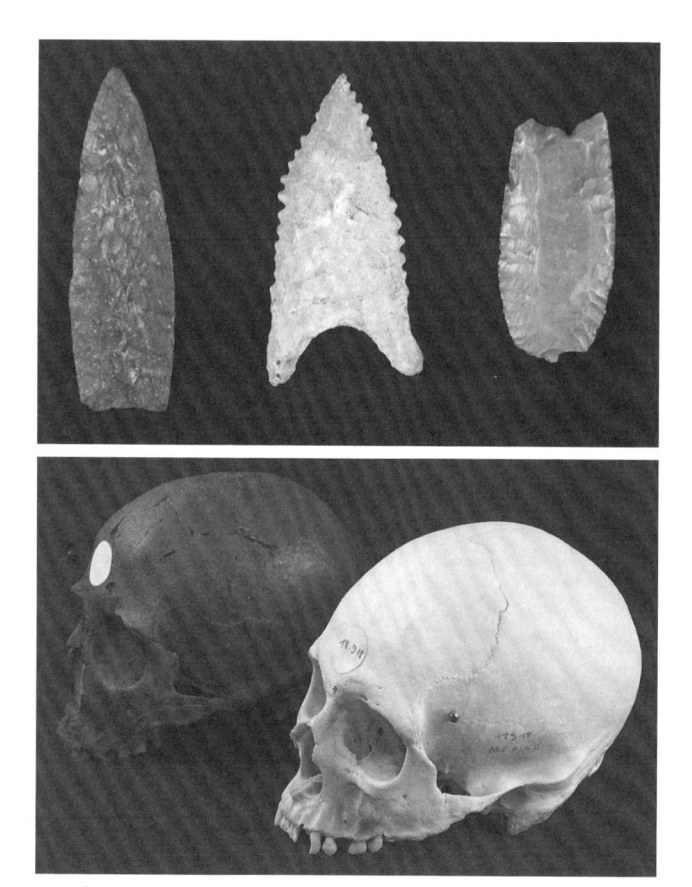

Pontas de projéteis paleoindígenas e crânio de um paleoamericano (esquerda) e de um ameríndio de hoje (direita).

Incertezas atuais

Resta saber em quantas ondas migratórias o Homem chegou à América. Existem diferenças cranianas entre os primeiros fósseis "paleoamericanos" e os ameríndios de hoje. Muitos antropólogos concluíram que estes últimos seriam fruto de duas ondas distintas, das quais a primeira teria deixado pouquíssimos descendentes. A existência de três grandes famílias linguísticas também sugeriria ondas diferentes. Em contrapartida, a pesquisa genética e com DNA antigo indica que todos os ameríndios teriam uma única origem comum, com exceção dos inuítes, que se diferenciaram a menos de 5 mil anos.

Mas esse aparente desacordo entre a história contada pelos ossos e pelos genes começa a desaparecer. De fato, algumas análises genéticas recentes sustentam a hipótese de duas ondas, ou ao menos hipóteses mais complexas que incluem fluxos de retorno para a Ásia, enquanto novos estudos de crânios comprovam a ideia de uma única onda maior.

Como chegar a uma conclusão? Desde o fim da última glaciação, há cerca de 10 mil anos, a subida do nível do mar levou ao desaparecimento de vários sítios arqueológicos ao longo da costa do Pacífico, principal rota migratória. Não há dúvida, porém, de que essas questões continuarão por muito tempo no centro das discussões.

Martin Friess e Manon Galland

O Homem é violento desde sempre?

No imaginário popular, os Homens pré-históricos são vistos como seres em perpétuo conflito. A realidade arqueológica é bastante diferente.

A violência e a guerra parecem características da espécie humana. Para saber de onde elas vêm, os pesquisadores mergulham nos arquivos arqueológicos. Eles podem, de fato, analisar os impactos de projéteis e os ferimentos encontrados nas ossadas humanas preservadas. Somados ao estado de conservação dos esqueletos e ao contexto no qual foram encontrados, esses traços podem dizer se a morte foi violenta ou não.

Violência deliberada ou acidental?

O que se descobriu? Pois bem, segundo o estudo de centenas de esqueletos, as marcas de violência são extremamente raras! Embora ferimentos por objetos contundentes ou projéteis tenham sido constatados, a maioria resulta de acidentes, principalmente de caça. É o caso, por exemplo, dos Neandertais de Shanidar, no Iraque. A maioria desses ferimentos estão cicatrizados, o que significa que as vítimas sobreviveram.

As mais antigas marcas de violência foram observadas num contexto específico: o do canibalismo praticado há 780 mil anos pelos *Homo antecessor* da Grande Dolina, em Atapuerca (Espanha). Três indivíduos de menos de dezoito anos foram decapitados antes de serem consumidos. Fora do contexto canibal, o caso de violência mais categórico envolve um *Homo sapiens* adulto descoberto em Skhul (Israel). A cabeça de seu fêmur e de seu coxal (ou bacia) foram trespassados por uma ponta de lança de madeira endurecida no fogo. Além disso, enquanto ele estava agachado ou deitado de lado, foi morto com um golpe violento na cabeça.

Egito: primeiros vestígios de guerra?

Para alguns pré-historiadores, o "Cemitério 117", na margem direita do Nilo, na fronteira norte do Sudão, traria a prova mais convincente de um conflito mortal entre duas comunidades do Paleolítico. Ele foi datado em 14340 e 13140 anos antes do presente. Lá, 59 corpos de mulheres, homens e crianças de variadas idades foram sepultados em fossas. Cerca de metade desses indivíduos foram mortos com golpes na cabeça ou depois de terem o corpo trespassado por lanças ou projéteis. Três homens provavelmente já estavam no chão e continuaram a ser atingidos.

O que aconteceu? No fim do Paleolítico, o norte do Sudão secou. Encravado no vale fértil do Nilo, aquele sítio teria despertado a cobiça de grupos que viviam em ambientes mais hostis, a menos que o aumento da população, em vias de sedentarização, tenha provocado uma disputa interna por recursos. Na verdade, nada no material arqueológico coletado indica uma origem estrangeira para os projéteis.

Os sítios pré-históricos em que foram observados atos de violência são poucos em comparação com a extensão geográfica e a duração do período considerado, de no mínimo 800 mil anos. Além disso, embora o comportamento violento para com o outro possa ser antigo, a guerra, por sua vez, não existiu desde sempre. Sua origem parece relacionada ao desenvolvimento, ao longo do Neolítico, da economia de produção, que provocou uma mudança radical nas estruturas sociais.

A suposta "selvageria" dos homens pré-históricos sem dúvida não passa de um mito forjado ao longo da segunda metade do século XIX pelos antropólogos evolucionistas para reforçar o discurso de progresso e o conceito de "civilização". Mais do que a competição e a agressividade, a compaixão e a ajuda mútua, associadas à cooperação e ao compartilhamento de caça, por exemplo, parecem ter sido os fatores-chave para o êxito de nossa espécie.

Marylène Patou-Mathis

A ARTE PRÉ-HISTÓRICA SÓ REPRESENTAVA ANIMAIS?

Visitar uma caverna pré-histórica, ou sua réplica perfeita, muitas vezes significa deparar-se com um vasto bestiário representado em suas paredes. Os primeiros Homens anatomicamente modernos não tinham outro universo simbólico além do dos animais com que conviviam e que às vezes caçavam?

O poder evocativo dos leões da Caverna de Chauvet (36 mil anos antes do presente), a elegância dos auroques* de Lascaux (19 mil anos), a força naturalista dos bisões de Altamira (15 mil anos), na Espanha, ou a dos íbex esculpidos numa galhada de rena descobertos na Gruta de Enlène (Ariège, França, 17 mil anos), dão a impressão de que os artistas pré-históricos sempre representavam animais. Uma espécie de universo de caça, suntuoso, mas iconograficamente limitado.

Mas essa impressão é enganosa. A imaginação, a criatividade e até mesmo a fantasia dos artistas da pré-história também se expressam fora do âmbito do mundo animal. Às vezes dizemos que a arte pré-histórica é mais simbólica do que naturalista, embora as duas noções não sejam excludentes.

No imenso período de tempo que precede o Paleolítico superior (40 mil a 12 mil anos), alguns indícios arqueológicos atestam o surgimento de um pensamento simbólico antes dos Homens anatomicamente modernos, como no Homem de

---

* O auroque é uma espécie de bovino selvagem extinto no século XVII. É considerado o ancestral do gado doméstico. (N.E.)

Neandertal e até mesmo no *Homo erectus*. Eles são esparsos e heterogêneos. A utilização de rochas com formas ou cores incomuns, o uso de corantes e a livre coleta de fósseis decorrem de escolhas simbólicas elementares. Alguns rabiscos isolados em ossos, conchas ou pedras e as poucas "protoesculturas" de inspiração vagamente figurativa também revelam comportamentos simbólicos precoces, em que o bestiário sempre está ausente.

Uma grande arte animalista

Com o *Homo sapiens*, os sistemas gráficos imaginados e estruturados são novos e originais. A arte parietal, a arte rupestre ao ar livre e a arte dos objetos do cotidiano, ou arte mobiliária, se enchem de animais gravados, pintados ou esculpidos. O artista é caçador e sua arte é animalista. Cavalos e bisões constituem seus temas de predileção desde o período Aurignaciano (39 mil a 28 mil anos). Herbívoros menores como cervos, renas e íbex também são frequentes, ao lado de auroques e mamutes. Felinos, ursos e rinocerontes-lanudos não são raros. Uma dezena de mamíferos define a essência das representações rupestres. A arte mobiliária, por sua vez, é ornada de peixes e pássaros, alguns identificáveis, de répteis e batráquios, e de mamíferos excepcionais: bois-almiscarados, alces-gigantes, saigas, lobos, carcajus etc.

A força dos símbolos abstratos

No entanto, a arte pré-histórica não é um simples quadro de caça! A rena, por exemplo, tão frequente nos cardápios pré-históricos, é rara nas paredes das cavernas. Os pré-historiadores veem nisso outro argumento a favor do simbólico. Os artistas também representam a si mesmos, com mais frequência em objetos do que nas paredes das cavernas, e sob formas mais condensadas: mãos, sexos, cabeças, corpos acéfalos. O corpo humano, especialmente o da mulher, é celebrado no Aurignaciano e chega,

A Vênus de Lespugue (Caverna das Cortinas, Haute-Garonne, França), marfim de mamute, período Gravetiano (28 mil a 23 mil anos antes do presente).

há 25 mil anos, a uma forma de plenitude expressiva, com verdadeiras "vênus" e, mais tarde, figuras femininas esquemáticas. Figuras irreais ou fantásticas, seres compósitos, nem totalmente humanos nem totalmente animais, às vezes chamados de "mágicos", decididamente afastam a arte pré-histórica do real.

As formas geométricas – pontos, linhas, planos mais ou menos elaborados – ocorrem em toda parte. Elas se combinam aos animais e aos humanos gravados e pintados, em infinitas variações gráficas.

A arte pré-histórica também foi uma arte de abstração. Assim como nos bestiários, a função de comunicação de signos é explícita. A arte pré-histórica era portanto dotada de uma qualidade simbólica fundamental e profunda.

Denis Vialou e Patrick Paillet

O QUE DIZEM OS ESQUELETOS NEOLÍTICOS SOBRE O CORPO E A SAÚDE DOS PRIMEIROS AGRICULTORES?

Ao se tornarem sedentários, os Homens do Neolítico se transformaram em agricultores. Esse modo de vida teve consequências no corpo dos homens e das mulheres?

Há cerca de 12 mil anos, em algum lugar do Oriente Médio, os grupos humanos começaram a cultivar plantas e a criar animais. A população aumentou, revelando os benefícios desse novo modo de vida. Os vestígios arqueológicos nos permitem reconstituir a vida desses primeiros agricultores. Mais especificamente, seus esqueletos nos fornecem informações sobre seus corpos, suas doenças e lesões, e atestam a evolução morfológica e sanitária provocada no Homem por essa transição econômica e cultural.

Indivíduos menores, mais delicados

Em média, os homens e as mulheres desse período eram menores e mais delicados do que os caçadores-coletores do Paleolítico. Várias explicações para esse fato ainda são debatidas. As comunidades agrícolas dispunham de alimentos suficientes, que eram estocados, mas estes eram constituídos por apenas algumas variedades de cereais e de proteínas animais. A diversidade de elementos nutritivos era portanto limitada, embora a colheita e a caça fossem praticadas.

Uma segunda explicação diz que o crescimento demográfico, sinônimo de maior competição pelos recursos naturais, pode ter favorecido os indivíduos menores, com menos necessidades energéticas. Outra possibilidade: assim como em nossos dias a baixa atividade física tende a enfraquecer os ossos, o sedentarismo pode ter contribuído para tornar o esqueleto mais frágil.

Novas doenças

Os antropólogos observam outro detalhe a respeito dos esqueletos neolíticos: a cárie começou a se disseminar, embora fosse quase desconhecida no Paleolítico. Ela ilustra, entre outros fatores, uma mudança de regime alimentar. Além disso, as novas maneiras de preparação de alimentos, com o uso de pedras de moer, por exemplo, podiam introduzir elementos abrasivos nos alimentos e, assim, afetar a saúde bucal.

Assim que domesticou os animais e passou a viver em contato com eles, o Homem tanto se beneficiou quanto sofreu os efeitos desse convívio, que aumentou o risco de transmissão dos germes patogênicos dos rebanhos. Reunidas, e cada vez mais densas, as populações humanas precisaram enfrentar as primeiras epidemias de doenças infecciosas. É raro, no entanto, encontrar marcas dessas infecções nos fósseis, pois elas levavam à morte do doente antes de atingirem seu esqueleto. Somente as doenças crônicas, como a tuberculose óssea ou a lepra, deixaram vestígios.

Violência e solidariedade

Lesões ósseas foram encontradas em esqueletos neolíticos, prova de sociedades em que ocorriam confrontos individuais ou coletivos. Com o passar dos séculos, encontram-se cada vez mais pontas de flechas presas a ossos. O número real de lesões devia ser maior, pois muitas não deixavam nenhum vestígio ósseo. Também se observa a existência de fraturas ósseas, quase sempre bem consolidadas, revelando um saber médico já avançado. Havia "médicos" nessas sociedades, verdadeiros especialistas em cirurgia, capazes por exemplo de realizar trepanações *in vivo*.

Esses domínios técnicos nos permitem supor a existência de conhecimentos específicos também em outros campos médicos e a utilização de plantas medicinais. Em todo caso, é certo que os doentes eram cuidados por suas comunidades. Deve-se ver nisso um dos parâmetros decisivos a permitir que o Homem neolítico sobrevivesse aos perigos causados por seu novo modo de vida.

Aline Thomas

Como nos tornamos agricultores-criadores?

Há 12 mil anos, a maioria das sociedades trocou a caça e a coleta pela agricultura e pela criação de animais. Essa mudança foi igual em toda parte?

A mudança de modo de vida que acompanhou a passagem da predação (caça, pesca, coleta e colheita) à produção (agricultura, criação) é chamada de "neolitização", pois dá início ao Neolítico. Esse período é caracterizado pela domesticação das plantas e dos animais, por uma complexificação da vida social, por profundas mudanças no universo simbólico e de crenças, e por um grande aumento da influência dos seres humanos sobre o meio ambiente.

Uma lenta evolução social, econômica e cultural

Em toda parte, essa mudança aconteceu em etapas, num período de vários séculos ou milênios, dependendo das regiões. No Oriente Próximo, na China, na América Central ou nos Andes, ela resulta de uma lenta evolução das sociedades; fala-se em "neolitização* *in situ*". Entre as montanhas da Anatólia e a Palestina, ao fim das eras glaciais, há 14 mil anos, certos grupos humanos se sedentarizaram em pequenos povoados com casas redondas. Eles exploravam uma grande diversidade de plantas e animais selvagens, frequentemente de modo sazonal. As primeiras

---
* A neolitização compreende o período de transição do Paleolítico para o Neolítico. (N.E.)

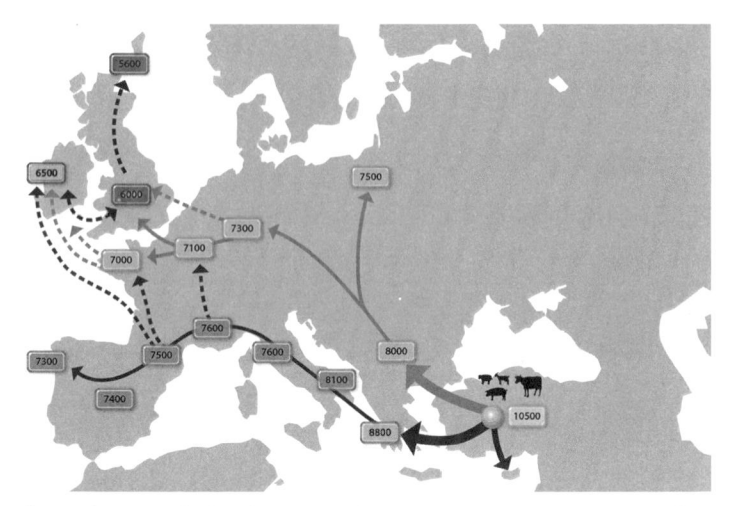

Difusão dos ungulados domesticados no Oriente Próximo, segundo a onda de neolitização que percorreu a Europa do Bósforo até Portugal e Escócia. As datas são compreendidas antes do tempo presente. Cf. Tresset, A. e Vingne, J.-D., 2011. C.R. *Biologies*, 334: 182-189.

culturas de cereais (trigos selvagens, cevada) e de leguminosas (favas, ervilhas, lentilhas) ainda selvagens, e as primeiras aldeias, caracterizadas por uma grande construção "comunitária", só aparecem há 11500 anos, marcando o verdadeiro início do Neolítico. Será preciso mais mil anos para se domesticar o boi, a ovelha, a cabra e o porco, e outros dez séculos para que a carne de criação supere definitivamente a carne de caça.

No Oriente Próximo, a neolitização foi concluída há 9500 anos. A cerâmica só é inventada quinhentos anos depois, e as cidades e a escrita nascem na Mesopotâmia 2500 anos depois, há 6500 anos. Embora um pouco mais tardia e mais rápida (entre 10500 e 8800 anos atrás), a neolitização do norte da China segue um processo comparável: sedentarização, agricultura, criação. As plantas cultivadas são o arroz e o painço, e o único animal domesticado é o porco, até a chegada, 3 mil anos depois, do boi e da ovelha, vindos do Oriente Próximo.

Europa e África: uma onda que vem do Oriente Próximo

Na Europa, a neolitização não foi espontânea. Ela veio do Oriente Próximo pelo Bósforo e do mar Egeu, há 8800 anos, seguindo duas correntes principais, chamadas de "mediterrânea" e "danubiana". Trata-se de um fenômeno lento de aculturação, resultante de deslocamentos de populações por distâncias curtas, tanto quanto da evolução do modo de vida das populações de caçadores-coletores autóctones. Essa onda de neolitização é portadora das inovações surgidas no Oriente Próximo: cerâmica e pedra polida, mas também cultura de cereais, leguminosas e criação de ungulados* domésticos naturais da região levantina. No entanto, cada região da Europa viveu a transição neolítica à sua maneira, chegando à domesticação dos javalis locais pouco depois da introdução dos porcos vindos do Oriente Próximo.

O mesmo aconteceu na África, onde o modo de vida neolítico vindo do Levante Sul foi inicialmente implantado há 8500 anos no Saara oriental, de clima mais úmido à época do que hoje. Bastante marcado pela criação bovina de alto valor social, ele a seguir se estendeu para o Saara ocidental, depois para o Sahel e, abrindo um caminho a oeste do planalto etíope, até o Quênia. Como na Europa, cada região da África viveu o Neolítico à sua maneira.

Jean-Denis Vigne

---

* Antiga classificação que compreendia os mamíferos dotados de cascos. (N.E.)

O QUE SÃO ANIMAIS OU PLANTAS DOMÉSTICOS?

A fronteira entre o selvagem e o doméstico oscila segundo as culturas. Certas sociedades inclusive não fazem diferença entre os dois. O que dizem os cientistas?

Ao domesticar animais e plantas, o Homem pré-histórico modificou profundamente sua percepção de si mesmo em relação à natureza. Ao mesmo tempo, mudou seu modo de vida: de caçador-coletor passou a agricultor-criador. Os 63 milhões de animais de estimação e os 42 milhões de ungulados de criação que existem hoje na França resultam desse antigo e complexo processo.

Conviver ou domesticar?

Na Amazônia, por exemplo, as sociedades modernas de caçadores-coletores não praticam a domesticação, mas elas convivem com certos animais, como jovens macacos ou catetos, amamentados e criados dentro de casa, junto com as crianças. Trata-se de um ato simbólico de gratidão pela natureza provedora e, de certo modo, uma garantia para o futuro. Mas conviver não é o mesmo que domesticar: o animal não se reproduz dentro da célula doméstica.

O animal doméstico, ao contrário, dá luz a uma descendência constante na casa a que está ligado. Essa interação beneficia a família que o acolhe, na forma de leite e carne, e a linhagem animal ou vegetal domesticada, que se vê protegida dos predadores e dos competidores, alimentada e tratada. Certas espécies, como os auroques ou o cavalo, só sobreviveram à extinção graças à domesticação.

É a domesticação que produz o animal ou a planta domésticos

Há 11500 anos, no Oriente Próximo, bem no início da agricultura e do Neolítico, pequenos grupos humanos sedentarizados há vários séculos começaram a cultivar cereais (trigos selvagens, cevada) e leguminosas (ervilhas, lentilhas). Eles continuavam a caçar animais grandes (gazelas, jumentos, muflões* etc.), mas podiam controlá-los. Chegavam inclusive a povoar regiões pobres em animais de caça, conforme atestado pela introdução do javali no Chipre, há cerca de 12500 anos.

No início, os primeiros cereais e os primeiros ungulados envolvidos no processo de domesticação não diferiam de seus contemporâneos selvagens. Foi com o passar de vários séculos que os grãos de cereais cresceram em tamanho e deixaram de cair no chão antes da maturidade, que os auroques se tornaram vacas, que os muflões se tornaram carneiros e que os javalis se tornaram porcos. No Oriente Próximo, a duração desse período "pré-doméstico" variou conforme os lugares, as espécies e o grau de controle pelo Homem. As primeiras plantas (cereais, leguminosas) e os primeiros ungulados que podemos chamar de domésticos (boi, ovelha, cabra e porco) datam de 10.500 anos atrás, ou seja, quase um milênio depois do início do processo de domesticação na região. Originalmente, a domesticação se aplica a animais selvagens, que ela transforma mais ou menos rapidamente em linhagens domésticas.

---

* Espécie de carneiro selvagem encontrada no Mediterrâneo. (N.E.)

Do selvagem ao doméstico: fronteiras móveis

Hoje é mais fácil diferenciar as espécies selvagens das domésticas? As moscas, as lagartixas, os pardais, os camundongos ou os ratos chamados de domésticos, assim como as papoulas, penetram nas cidades, nas casas ou nos campos atraídos pelas plantações, pelas construções ou pelos dejetos humanos. Essas espécies são apenas nossos comensais ("comem à mesma mesa que o Homem").

Os animais ou as plantas realmente domésticos são por excelência os cereais e os bovinos. Mas não mantemos as mesmas relações com eles que com nossas plantas de apartamento, nossos gatos, nossos cães, nossos peixinhos dourados ou nossas abelhas. E o que dizer das palmeiras dos oásis, no entanto bem domesticadas, dos elefantes não exatamente domesticados, dada a dificuldade de sua reprodução em cativeiro, dos avestruzes ou dos cervos de criação, produtores de carne "de caça", ou ainda das renas da Lapônia, ora livres, ora em cativeiro? Decididamente, a fronteira que queremos instaurar entre doméstico e selvagem é tão móvel quanto a que separa a humanidade da animalidade.

Jean-Denis Vigne

Por que não somos mais caçadores-coletores?

O que levou os Homens a cultivar as plantas e a domesticar os animais? O clima? A falta de alimento? Alguns inventores geniais? Isso seria simples demais!

Na década de 1930, os climatólogos descobriram que o fim da última era glacial, caracterizada por um lento reaquecimento, havia sido marcado por um último retorno do frio, chamado Dryas recente. Este havia sido seguido por um reaquecimento rápido, inaugurando o Holoceno, período no qual hoje vivemos. Ora um, ora outro desses acontecimentos climáticos foram por muito tempo mencionados como a principal causa do recurso ao cultivo de plantas e à criação de animais – a neolitização –, conforme se considerasse que esta última constituísse uma adaptação dos humanos à penúria ou à abundância alimentar.

O clima não explica tudo

Há 25 anos, a análise isotópica das finas camadas de gelo acumuladas ano após ano junto aos polos permitiu datar com exatidão o início do Dryas recente em 13300 anos antes de nossa era, e o reaquecimento holoceno em 12 mil anos antes de nossa era. Se um ou outro estivesse na origem da neolitização, deveríamos esperar que esta houvesse ocorrido em toda parte ao mesmo tempo, numa dessas datas. Ora, os progressos da arqueologia para identificar e datar a neolitização revelaram, ao contrário, uma grande diversidade de situações, escalonadas entre o fim do Dryas recente (Oriente Próximo), o início do Holoceno (China), o meio desse mesmo período (Europa, zona saariana, sul da Ásia, Andes, América Central) e sua segunda parte (Ásia Central e sudeste asiático, África meridional).

As grandes mudanças climáticas não foram os únicos desencadeadores da neolitização. O clima mais ameno do Holoceno pôde no máximo ter oferecido um ambiente propício para o desenvolvimento de sociedades agropastoris. É preciso considerar a ação de outros fatores.

As dinâmicas humanas

Desde sua origem africana, 200 mil anos antes, o *Homo sapiens* vinha se espalhando pela superfície do globo. Aqui e ali, as populações haviam alcançado patamares de densidade que exigiam novos recursos alimentares, novos saberes para melhor explorá-los ou armazená-los. A diversificação dos saberes e das tarefas, o acúmulo de reservas comparáveis a riquezas, a necessidade de protegê-las, inclusive pela violência, sem dúvida levaram a profundas modificações sociais. Estas muitas vezes se concretizaram em aldeias e em sistemas de trocas a longa distância.

Ao mesmo tempo, a sedentarização, favorecendo a diminuição do tempo entre cada gravidez, sem dúvida reforçou o crescimento da população, o domínio dos recursos e sua divisão, a inovação técnica e a evolução dos saberes. O surgimento, com o início do Neolítico, de representações evocando a invenção de divindades, pela primeira vez na história da humanidade, mostra que essas modificações também alteraram a esfera das crenças. Uma "revolução" que com certeza não está fora do domínio que o Homem subitamente se autorizou a exercer sobre as plantas e sobre os animais, até então seus iguais, domesticando-os, um prelúdio à agricultura e à criação.

Portanto, a neolitização não é o resultado de uma causa única, mas de complexas interações entre fatores climáticos, demográficos, técnicos, econômicos e sociais, e mesmo da sinergia entre eles, ao longo de um lento processo. Era sem dúvida inevitável que, graças ao primeiro reaquecimento climático duradouro, nossa espécie tomasse posse de seu ambiente, inventasse o pão, o queijo, depois o vinho e o bronze, bem como, ao mesmo tempo, a filosofia, a guerra, as pirâmides... e a Internet. E amanhã?

Jean-Denis Vigne

As aldeias do Neolítico inventaram o poder e a dominação?

Há cerca de 12 mil anos, a espécie humana começou a fundar aldeias, fontes de novas riquezas. Seria o prelúdio dos comportamentos de poder, dominação e violência guerreira que parecemos ter herdado?

Ao longo do décimo milênio antes de nossa era surgiram, no Oriente Próximo, as primeiras aldeias povoadas. Seus habitantes se dedicavam a tentativas de cultivo de cereais. Eles construíam "edifícios públicos" com funções diversas, que sustentavam a identidade e a memória da coletividade. A torre de Jericó, na Palestina, ou os edifícios de estelas megalíticas de Göbekli, na Turquia, datadas em cerca de 11 mil anos antes do presente, são alguns exemplos.

O crescimento da autoridade aldeã

Entre o nono e o sétimo milênios antes de nossa era, quando a agricultura e a criação de animais se tornaram os elementos de base da economia, vemos surgir, ao lado de aldeias modestas, grandes aglomerações como Abu Hureyra, na Síria, e Ain Ghazal, na Jordânia. Para gerenciá-las, é preciso supor uma autoridade mínima, garantida por famílias ou personagens influentes. Da mesma forma, os mestres dos rituais realizados nos monumentos públicos deviam exercer uma espécie de poder intelectual sobre os habitantes.

Na Europa, onde o Neolítico se difundiu a partir do epicentro oriental, as aldeias geralmente tinham dimensões reduzidas.

Reconstituição do sítio arqueológico de Göbekli, na Turquia (cerca de 11 mil anos antes do presente).

No entanto, localidades muradas de grande amplidão emergiram ao longo do quinto milênio, como Passo di Corvo (Itália) ou na região de Toulouse (França).

O surgimento dos privilégios

Certos personagens puderam, em certas épocas, dominar o corpo social. Em Varna (Bulgária), no quinto milênio, esses "privilegiados" eram enterrados ao lado de um mobiliário excepcional. Na mesma época, outros dominantes eram enterrados na Armórica sob colinas impressionantes, dotados de machados de luxo feitos de rocha alpina e colares de variscita ibérica. Como defini-los? Pequenos reis locais? Indivíduos investidos de uma autoridade religiosa? Personagens carismáticos magnificados por sua capacidade de granjear seguidores? Autores de feitos heroicos? Não temos respostas claras.

Na Bretanha, esses privilegiados eram temporários: o desenvolvimento dos dolmens nos últimos séculos do quinto milênio e ao longo de todo o quarto milênio antes de nossa era indica uma evolução na direção de sepulturas cada vez mais coletivas. Enfraquecimento da hierarquia? Ou uma exibição da comunidade, "amalgamada" até mesmo na morte, a despeito de diferenças de condição entre os indivíduos?

A guerra como instrumento de poder

As sociedades neolíticas trocavam muito: materiais brutos ou instrumentos necessários aos trabalhos cotidianos, mas também bens de prestígio destinados a valorizar certas camadas sociais. Essas circulações envolvem relações de boa vizinhança sustentadas por políticas de alianças. Mas essas tendências federativas não impediam tensões ou conflitos abertos. Estes últimos são conhecidos pelo massacre de várias famílias, por exemplo em Talheim, na Alemanha, ou pelas cenas de batalha pintadas (Les Dogues, Remigia, Espanha). Nas estelas antropomorfas, presentes no quarto e no terceiro milênios, da Crimeia até a Península Ibérica, os homens exibem armas (arco, flecha, machado, punhal) que, pela caça ou pela guerra, permitem a obtenção de um status social; as mulheres são excluídas dessas atividades.

Em certos epicentros do Neolítico (Oriente Próximo e Oriente Médio, China), a exacerbação da competição leva, com o auxílio das desigualdades, a disparidades mais fortes na hierarquia social. Paralelamente, acentua-se a especialização dos indivíduos nos povoados em expansão. A gestão dessas aglomerações exige uma autoridade consolidada de caráter político ou religioso, ao mesmo tempo em que se multiplicam as trocas em espaços cada vez mais amplos. A cidade e o Estado marcam o fim dessa evolução, inaugurando as primeiras sociedades históricas da Antiguidade.

Jean Guilaine

Lucy caminhava como nós?

Os Australopitecos, dos quais Lucy é a representante mais famosa, vieram de um mesmo ancestral que as espécies do gênero Homo, *ao qual pertencemos. Eles eram bípedes, como nós, mas até que ponto?*

O dia 30 de novembro de 1974 será sempre lembrado na história da paleontologia humana. Nesse dia, no sítio arqueológico de Hadar, no Afar etíope, uma equipe franco-americana, dirigida por Yves Coppens, Donald Johanson e Maurice Taieb, descobriu 40% do esqueleto de uma jovem mulher australopiteca, com 3,2 milhões de anos. Pela primeira vez, um material fóssil tão antigo, quase completo, permitiu que se estimasse de maneira mais fiável o comportamento e a estatura dos Australopitecos.

Embora essa descoberta continue sendo considerada excepcional, ela ainda desperta muitos debates, especialmente a respeito da maneira como Lucy se deslocava: ela era exclusivamente bípede ou dividia seu tempo entre o solo e as árvores? Caminhava como nós, ereta, com passos amplos? Ou com mais gingado, com as pernas dobradas, como alguns grandes símios?

Inegáveis características de bípedes...

Alguns ossos de Lucy apresentam adaptações à marcha bípede, como a bacia mais curta e larga, embora menos curva que a do Homem. Seu fêmur, de colo alongado, apresenta uma inclinação, como nos bípedes humanos. Apesar dessas características bípedes, Lucy não possui a extensão completa do quadril e do joelho, que nos caracteriza. Ela provavelmente não caminhava como nós.

Uma reconstituição de Lucy, por Elisabeth Daynès.

...mas alguns traços arborícolas

Toda uma série de morfologias observadas em Lucy são encontradas nos grandes símios e sugerem adaptações para escalar, portanto, à vida arborícola: o ombro, com sua articulação voltada para cima, o cotovelo, que apresenta um bom encaixe dos ossos do antebraço e do braço, as falanges dos pés e das mãos, mais alongadas, a articulação do joelho mais livre, sugerindo movimentos de rotação do joelho mais amplos do que os nossos. A caixa torácica, em forma de funil, difere da forma humana em "tonel", e permite que as costelas resistam à pressão durante a escalada. Por fim, seus membros superiores, proporcionalmente mais compridos do que os inferiores, também provam que ela podia viver nas árvores.

Estudos recentes realizados em pigmeus twas de Uganda e agtas das Filipinas, que escalam árvores, mostraram que suas panturrilhas têm fibras musculares mais longas, o que permite a flexão do pé. Isso os diferencia das etnias vizinhas de agricultores. Um pé de bípede não exclui a possibilidade de escalar, portanto.

As pegadas de Laetoli

Pegadas foram descobertas em Laetoli, na Tanzânia, em 1976, numa camada de cinzas vulcânicas de 3,6 milhões de anos. Um grande número de pesquisadores concorda em dizer que foram feitas pela espécie de Lucy, *Australopithecus afarensis*. Alguns pesquisadores viram nelas características mais simiescas, como o dedão do pé divergente ou a marca do calcanhar mais profunda.

No entanto, estudos de grandes séries de pegadas do Homem moderno mostram poucas diferenças em relação às de Laetoli. É impossível assegurar, portanto, que essas últimas tenham sido deixadas por um Australopiteco, pois outros hominídeos viviam na mesma região à época. É preciso ser extremamente prudente nos estudos desses vestígios, pois a marca dos pés muda conforme o substrato – depende de sua coesão, composição mineralógica, umidade.

Hoje, embora alguns pesquisadores continuem acreditando que Lucy era exclusivamente terrestre, um espécime mais antigo descoberto em 2006, em Dikika, na Etiópia, sugere que a vida dos Australopitecos de Afar ocorria ao menos parcialmente nas árvores. Trata-se de um jovem congênere de Lucy, mas com cerca de três anos, que já possui características arborícolas. Como era pequena (cerca de 1,05 m), é provável que Lucy tenha passado uma parte da vida nas árvores, onde podia se refugiar dos predadores e também se alimentar.

Brigitte Senut

Como saber para que serviam as ferramentas pré-históricas?

Para saber para que serviam as ferramentas pré-históricas, os paleontólogos reconstituem os gestos dos primeiros Homens e analisam as marcas de uso e de impacto deixados nas ferramentas. Seus usos se revelam variados e complexos.

Que ferramentas os Homens pré-históricos utilizavam? E para que elas serviam? A maioria das ferramentas descobertas pelos arqueólogos são feitas em pedra (sílex, quartzo, rochas vulcânicas e outras) e em osso. Raras são as ferramentas de madeira preservadas, como as lanças pontudas do sítio arqueológico de Schöningen (Baixa Saxônia, Alemanha), de 400 mil anos. Encontradas perto de carcaças de cavalos, provavelmente serviam de armas de caça.

As funções das ferramentas descobertas foram deduzidas de suas formas, através da comparação de sua morfologia e do ângulo das zonas trabalhadas pelos artesãos com as ferramentas modernas ou utilizadas por certas populações para raspar, cortar, furar. Por isso os nomes que receberam no início do século XX: raspadores, ponteiras, cinzéis etc. Mas essas denominações antigas nem sempre correspondem a seus usos reais.

Reconstituir os saberes

A partir da década de 1980, hipóteses indiretas sobre a função das ferramentas pré-históricas nasceram de "estudos tecnológicos", que reconstituíam os gestos e os conhecimentos técnicos dos artesãos da época. Esses estudos mostram, por exemplo, que o modo Levallois de lascamento das pedras, utilizado pelo Homem de Neandertal, produz lascas, lâminas e pontas de formato planejado, antecipado e repetido. Ele não deve nada ao acaso, portanto. A partir das formas resultantes desse lascamento, podemos deduzir uma possível função, por exemplo, as pontas como utensílios para furar ou como projéteis.

As ferramentas de pedra quase sempre são encontradas perto de resíduos ósseos advindos do consumo de animais herbívoros. Ora, esses ossos também deixam indícios indiretos, como ranhuras de cortes feitos por instrumentos afiados, ou pontos de impacto por instrumentos pesados que levaram a fraturas. Assim, é possível deduzir que certas lascas de pedra fina e cortante serviram para cortar a carne ou para raspar os ossos, ou que grandes ferramentas de pedra permitiram esmigalhar ossos para a retirada do tutano. Essa dedução indireta às vezes é confirmada por vestígios bem visíveis nas ferramentas de pedra: o esmagamento de suas arestas leva a crer que elas serviram para golpear ossos ou materiais duros; da mesma forma, a ponta quebrada de uma lasca leva a pensar que seu uso foi exitoso.

Vestígios que falam ao microscópio

A análise dos vestígios microscópicos das ferramentas de pedra permite definir seu uso com mais precisão. Esses microvestígios foram provocados pelas principais atividades praticadas com essas ferramentas. Percebem-se microrranhuras, microfraturas ou resíduos de materiais fossilizados ou polidos pela passagem repetida da peça em certo tipo de material. Para esses estudos, os "vestigiólogos" fazem experiências e recorrem a equipamentos sofisticados, como o microscópio eletrônico de varredura. Os microvestígios revelam os movimentos efetuados pelo artesão, longitudinais para cortar, transversais para raspar, ou ligados à perfuração.

Um exemplo são os "polimentos" encontrados na base das empunhaduras e na altura das junções, em que certas microfraturas permitem afirmar que pontas Neandertais de fato serviram como projéteis de caça. As zonas retocadas podem ter sido manipuladas para garantir uma melhor preensão ou para tornar a ferramenta multifuncional, cada borda sendo utilizada diferentemente. Com a regularidade da descoberta de novos sítios arqueológicos, a ciência dos vestígios ainda não acabou de fazer as pedras falarem...

Marie-Hélène Moncel

Como definir uma nova "espécie" a partir de uma falange?

Há apenas cinco anos, a análise do genoma de um fóssil mostrou a que ponto nossos conhecimentos sobre a diversidade humana arcaica ainda eram muito incompletos.

Em 2008, durante uma expedição arqueológica à caverna de Denisova (Montes Altai, ao sul da Rússia), vários fósseis humanos foram encontrados associados a outros vestígios mais recentes, datados do Paleolítico médio e tardio. No meio desses fósseis, foi encontrado um fragmento de falange, muito pequeno, de um jovem adolescente. Graças aos notáveis avanços da análise genética, esse osso, pouco informativo no plano morfológico, revelou-se uma mina de ouro para os pesquisadores.

Um grupo de irmãos dos Neandertais

Obter, a partir dos genes, informações sobre seu portador não é uma tarefa fácil. Em primeiro lugar, é preciso sequenciar o genoma, isto é, estabelecer a ordem em que os 3 bilhões de monômeros A, T, C e G se organizam numa molécula de DNA. Depois de obtida essa preciosa informação, torna-se possível, entre outras coisas, determinar a proximidade entre as espécies, simplesmente comparando-se o grau de similaridade ou de divergência entre as sequências de seus genomas.

Ora, a análise de genomas antigos é complicada, em função da degradação que o DNA sofre com o passar do tempo: ele é des-

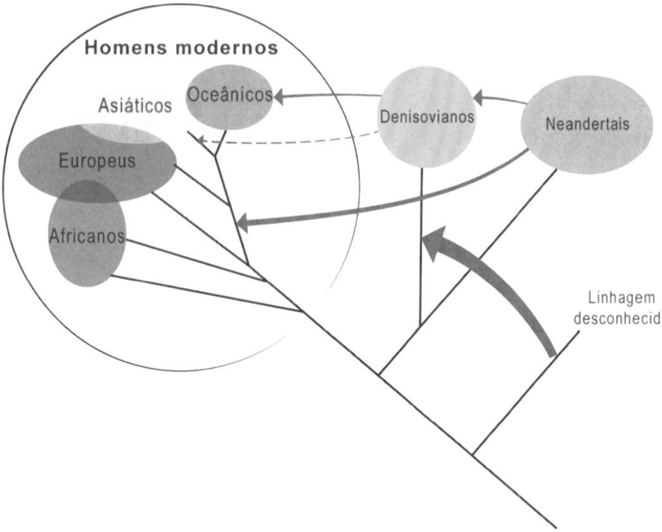
Homens modernos
Asiáticos
Oceânicos
Europeus
Africanos
Denisovianos
Neandertais
Linhagem desconhecida

A análise dos genomas antigos permite retraçar a história das linhagens de Homens modernos e arcaicos dos quais fósseis contendo DNA puderam ser encontrados. A extensão das flechas é proporcional à importância da mestiçagem que se produziu entre as populações. Infelizmente, os fósseis mais antigos, como o *Homo erectus* ou os Australopitecos, ou os encontrados em climas quentes, como o Homem de Flores, não puderam ser incorporados a essa história.

truído, fragmentado em pequenos pedaços, e certas bases são danificadas. A paleogenética, ou o estudo genético dos fósseis, necessita de meios específicos, além de perseverança e sorte! Foi o caso da falange de Denisova, de DNA excepcionalmente bem conservado: a partir de apenas 40 mg de pó de osso, os geneticistas conseguiram isolar DNA suficiente para sequenciar o genoma completo.

Esse genoma foi a seguir comparado aos genomas conhecidos. Surpresa: o genoma de Denisova é onze vezes mais próximo do genoma do Neandertal do que do genoma do chimpanzé. A falange de Denisova representa portanto um grupo humano estreitamente aparentado aos Neandertais, mas detentor de uma originalidade suficientemente notável para merecer seu próprio nome: os Denisovianos. É a primeira vez que um grupo de hominídeos é caracterizado por seu DNA e não por seus fósseis.

Quanto aos Homens modernos, o mesmo cálculo mostra uma divergência de apenas 11,5% em relação ao genoma dos Denisovianos. Assim, a separação entre Denisovianos e Neandertais seguiu de perto a que afasta esses dois grupos da linhagem dos Homens modernos.

Uma sutil mestiçagem

O estudo do DNA de um Denisoviano produziu outros resultados, pois também enriqueceu nossos conhecimentos sobre a história da linhagem humana. A comparação desse genoma com o de vários Homens modernos, pertencentes a diferentes populações no mundo, mostrou que os Denisovianos compartilham mais alelos (as diferentes versões de um mesmo gene) com certas populações da Oceania e do sudeste da Ásia do que com as outras populações contemporâneas. Assim, além da mestiçagem com os Neandertais do oeste da Eurásia, vivida por todas as populações de Homens modernos não africanos, os ancestrais dos melanésios também viveram uma mestiçagem específica com os Denisovianos.

Pouco se sabe sobre a maneira como isso aconteceu. O mistério persiste, principalmente porque a localização da caverna de Denisova, na Sibéria, fica muito afastada do caminho de povoamento seguido pelos melanésios. Os pesquisadores acreditam que a área de distribuição do grupo arcaico dos Denisovianos teria se estendido até o sul da Eurásia. No entanto, falta descobrir seus fósseis...

Outro grupo arcaico?

O genoma da falange de Denisova revelou outra surpresa: seu DNA mitocondrial – um marcador genético presente em subestruturas específicas das células, as mitocôndrias, e transmitidas somente pela mãe a seus filhos – pertence a uma linhagem diferente daquela que reúne Neandertal e Homens modernos! A divergência é estimada em cerca de 1 milhão de anos, ou seja, o dobro da distância que separa os Neandertais de nós. Embora outros fenômenos possam explicar essa descoberta, é possível que os Denisovianos tenham herdado esse genoma mitocondrial, bem como partes de seu genoma, de uma mestiçagem com outro grupo humano, igualmente arcaico, ainda não identificado.

Somos uma espécie híbrida

Inúmeras mestiçagens parecem ter ocorrido entre os diferentes ramos da linhagem humana. Devemos por isso considerá-las espécies diferentes? Claramente, esses grupos ainda eram potencialmente interfecundos, embora, por razões geográficas, culturais ou biológicas, os descendentes mestiços fossem raros.

Céline Bon

Quais são as novas técnicas de escavação arqueológica?

Em arqueologia, escavar é destruir. Como é preciso extrair definitivamente os objetos do solo que os contém, algumas técnicas permitem coletar um máximo de informações sobre o terreno.

Tornar visível o invisível: é o que tentam fazer os pré-historiadores. Em sua grande maioria, os sítios arqueológicos são como um patrimônio invisível, enterrado em sucessivas camadas de sedimentos que registram os acontecimentos do passado. Sem escavações, não haveria objetos, estudos, coleções, e não haveria museus! As escavações são precedidas pela elaboração de questionamentos científicos, por expedições de prospecção e sondagem. Elas são seguidas pelo estudo dos objetos descobertos e por análises das amostras em laboratório.

O dilema do escavador

"Como vocês fazem para ter tanta paciência?", ouvem com frequência os escavadores: eles são pacientes, sem dúvida, mas acima de tudo, rigorosos. O ato de escavar, na verdade, é muito complexo e se prolonga à análise das reservas arqueológicas. Como um retorno ao passado é impossível, a qualidade das interpretações efetuadas em laboratório depende diretamente da qualidade da escavação.

O arqueólogo precisa chegar a um meio-termo, necessariamente insatisfatório, entre duas soluções extremas: ou deixar o local intacto e garantir sua preservação, mas privar-se da informação que ele contém; ou escavá-lo totalmente e estudar seu conteúdo, mas destruí-lo. Quando é possível, a solução costuma ser escavar parcialmente o sítio arqueológico de maneira a preservar algo que outras gerações possam estudar no futuro, com novos questionamentos e novas tecnologias.

Melhorar e inovar

A evolução das técnicas de escavação e análise acontece em dois níveis: a eficácia dos métodos antigos é aperfeiçoada, às vezes de modo espetacular, e técnicas totalmente inovadoras são criadas.

Tomemos o exemplo da quadrícula, sistema de identificação que utiliza uma retícula ortogonal de um metro de lado, à qual são suspensos fios de prumo acima da zona de escavação. Ela serve para medir em três dimensões (X, Y, Z) a posição de cada objeto descoberto, que é conservada numa base de dados que pode ser analisada após a escavação. Esse sistema antigo e hoje universal foi aperfeiçoado: a medição manual com fitas métricas e níveis de bolha hoje é acompanhada por computador via um teodolito a laser. Ganha-se em precisão e em velocidade, ao mesmo tempo em que se criam bases de dados informatizadas.

Aos dados anotados à mão em papel milimetrado, somam-se as imagens dos diferentes estágios da escavação e das estruturas, como as fogueiras. A fotogrametria se generaliza, dela podemos retirar verdadeiros moldes virtuais que também conservam a memória da escavação em três dimensões. Assim, as fases de laboratório progressivamente se transferem para o local da escavação, graças à miniaturização dos instrumentos de medição, portáteis e adaptáveis aos diferentes contextos dos sítios arqueológicos. É o caso da fluorescência X, que garante a análise química elementar de pigmentos nas próprias pinturas das cavernas.

O high-tech a serviço de um trabalho em equipe

Também é possível extrair o DNA pré-histórico. Para isso, as análises em laboratório andam lado a lado com os protocolos de amostragem *in loco*, cada vez mais elaborados. O objetivo é reduzir as contaminações e preservar ao máximo a qualidade das amostras. São os próprios paleogeneticistas que realizam a retirada dos materiais nos sítios arqueológicos, com instrumentos esterilizados, como na cena de um crime.

Do mesmo modo, os métodos de datação evoluíram e se diversificaram. Os que se baseiam na medição da radiação natural e da radiação cósmica fóssil conservadas nos arquivos sedimentares levam os físicos a preparar as amostras e a fazer medições *in situ*.

Todas essas novas técnicas de análise se inserem num processo mais amplo: antes, durante e depois da escavação, do solo às reservas arqueológicas, passando pelos laboratórios. É da boa integração dessas técnicas às problemáticas arqueológicas e do rigor de execução que depende a qualidade dos resultados publicados, última operação de um trabalho pluridisciplinar, necessariamente realizado em equipe.

Roland Nespoulet

COMO ANALISAR OS ACHADOS ARQUEOLÓGICOS?

A estrutura e a composição dos fósseis, das ferramentas pré-históricas ou das pinturas rupestres são uma importante fonte de informação para os arqueólogos. Mas como eles as fazem "falar"?

Ossos humanos ou animais, ferramentas de naturezas e formas muito diversas, pigmentos de pinturas em cavernas, restos de fogueiras etc.: os arqueólogos descobrem materiais muito variados nos sítios pré-históricos. Inúmeras informações podem ser obtidas através de um estudo visual. Mas nem tudo está acessível a olho nu, seja por haver estruturas internas ou pequenas demais para serem percebidas, seja porque a informação está na composição do material. Para encontrar essas informações ocultas, os pesquisadores recorrem então às técnicas mais modernas do campo biomédico ou da físico-química.

No âmago das estruturas ósseas

Avanços consideráveis foram realizados nesses últimos anos aplicando-se aos esqueletos e ossos técnicas de imagem em três dimensões, com alta resolução. Scanners 3D de alta definição ligados a computadores permitem modelizar a superfície de uma amostra óssea para a obtenção de imagens tridimensionais que podem ser analisadas sob todos os ângulos. Scanners de raios X, cujo funcionamento é similar aos scanners médicos (radiografias extremamente precisas em volume), permitem a visualização das estruturas internas. É o caso do sistema microtomográfico "AST--RX", instalado no Museu do Homem desde 2012.

As reconstituições realizadas por programas de computador podem ser estudadas pelo pesquisador sem risco de deterioração dos fósseis, quase sempre muito frágeis. Essas técnicas, portanto, permitem chegar a novos níveis de informação. Torna-se possível estudar a partir de novos pontos de vista a evolução das características anatômicas dos seres humanos ou dos animais ao longo do tempo.

Identificar a proveniência das rochas

De onde provêm as amostras? Essa é uma pergunta importante para certos materiais encontrados nos sítios arqueológicos, como ferramentas, cerâmicas ou metais. Respondê-la leva ao descobrimento de onde o Homem se abastecia de matéria-prima, de como ele escolhia os materiais utilizados em função de sua abundância ou qualidade, e, em certos casos, de vias de circulação ou de troca desses materiais.

É o caso da obsidiana, vidro vulcânico natural, que os primeiros Homens utilizavam para fazer ferramentas de fio inigualável. A composição química da obsidiana é específica do vulcão que a produziu. Às vezes, é possível até mesmo distinguir duas obsidianas formadas durante duas erupções diferentes de um mesmo vulcão. Assim, é possível observar que esse material é deslocado às vezes por várias centenas de quilômetros. Esses estudos levam a um entendimento das interações do Homem com seu ambiente, de seus deslocamentos e de suas interações com outros grupos humanos.

Analisar in situ *os pigmentos pré-históricos*

Para preservar os objetos arqueológicos, cada vez mais técnicas não invasivas, isto é, que não envolvem extração, estão disponíveis. O instrumento de análise é deslocado para efetuar as medições no local. Isso ocorre especialmente em sítios de arte rupestre, patrimônio muito frágil que precisa ser conservado. A miniaturização dos instrumentos de medição, a fim de torná-los portáteis para que os pigmentos sejam analisados diretamente nas paredes ornadas, constitui um ponto forte da pesquisa. Sem precisar retirar nenhum tipo de amostra, é possível determinar se pigmentos similares ou diferentes foram utilizados para pintar as diversas figuras de uma mesma parede, e ajudar os pré-historiadores a identificar as várias fases de realização dessas pinturas.

Matthieu Lebon

3
Para onde vamos?

A antropização* do planeta que acaba com a natureza virgem, o crescimento demográfico acelerado e a globalização causam impactos, quase sempre negativos, sobre a diversidade cultural e sobre a biodiversidade – desafios para nosso futuro. Que agricultura queremos para alimentar 9 bilhões de seres humanos? Que desenvolvimento almejamos? Que limites éticos impomos à utilização de técnicas para nossa reprodução ou para o "aperfeiçoamento" de nosso corpo?

---

* Processo de transformação por ação humana sobre o meio ambiente. (N.E.)

Como chegamos a esse mundo globalizado e antropizado?

Hoje, as mesmas referências culturais e econômicas são compartilhadas de Tóquio a Londres, passando pelo México ou Dakar. Eis um resumo dessa "trajetória de globalização".

Há 20 mil anos, grupos humanos chegaram à América a partir da Ásia oriental. Essa viagem, etapa crucial da expansão de nossa espécie pelo planeta, deveu-se a circunstâncias climáticas e a uma invenção. O atual estreito de Bering, aparente após uma glaciação, formava a Beríngia: era possível atravessá-lo sem molhar os pés. Além disso, os homens e as mulheres da época tinham um trunfo na manga: a agulha de costura! Roupas enroladas não oferecem uma proteção contra o frio tão eficiente quanto a de roupas ajustadas por meio de costuras. Não surpreende que agulhas de costura figurem entre os artefatos de inúmeros sítios paleolíticos...

A costura atesta duas competências da espécie humana: sua adaptabilidade a ambientes variados e sua mobilidade (a agulha é fácil de transportar). Essas duas competências foram a chave para a globalização, entendida como o processo em que o planeta inteiro (exceto os oceanos) progressivamente se tornou o meio da existência humana.

Da expansão à diversidade

Ao longo do tempo, uma quantidade considerável de invenções foi necessária para que a espécie humana conseguisse se instalar em quase qualquer lugar: controle do fogo, iniciado há 450 mil anos pelo *Homo erectus*, e também dos dois microclimas artificiais que são as vestimentas e as casas, sem falar na colheita e na produção de alimentos. A cada vez, adaptar-se significou transformar o meio: desmatamentos, seleções de plantas e de animais, coleta de recursos etc. A pressão sobre o meio ambiente aumentou em toda parte.

Os seres humanos só podem viver em sociedades "de trama estreita": o indivíduo precisa estar imerso num grupo de semelhantes. A espécie humana é não apenas a única presente em quase todas as terras emersas, ela também é a que mais precisa de relações sociais e a que mais causa impacto ao ambiente. Resulta disso uma grande diversidade de sociedades e de maneiras de "antropizar" a natureza, isto é, de transformá-la para as necessidades humanas.

O eixo fértil do Mundo Antigo

Tudo poderia ser diferente? Talvez. A história das sociedades humanas deve muito ao grau de suas conexões a outras sociedades. Na periferia do mundo se estabeleceram sociedades pouco ligadas às outras (os aborígenes australianos, os San ao sul da África, os inuítes, os fueguinos etc.); inversamente, um arco de sociedades fortemente "conectadas" desde o século XV se estendeu dos mares da China ao Mediterrâneo. Nesse eixo do Mundo Antigo viveram mais de três quartos da humanidade. Embora inovações tenham surgido em toda parte, foi principalmente nele que mais se produziram fertilizações cruzadas: as domesticações mais precoces e mais diversificadas (cereais, animais), cidades, escritas, moedas, técnicas, monoteísmos, metalurgias do ferro e do aço, impressão, artilharia etc. Ali foram compartilhados micróbios e vírus que dolorosamente facilitaram a expansão de uma pequena fração dessas sociedades para o resto do mundo;

e ali também que o modelo de antropização do ambiente, hoje dominante, se desenvolveu.

Da diversificação à uniformização

Assim, enquanto a antiga forma da globalização – a expansão humana pelo planeta – se manifestou pela diversificação das sociedades e das formas de antropização, a globalização iniciada no século XV gerou uma exploração mais uniforme e sistemática do globo terrestre. Essa globalização moderna se manifesta nos dias de hoje pela concorrência generalizada das regiões e das sociedades e pela antropização em grande escala do planeta, que pode colocar a humanidade em perigo. Seremos capazes de criar uma sociedade realmente mundial, capaz de governar a si mesma e de administrar seu planeta? Em outras palavras, uma globalização mais positiva...

Christian Grataloup

Existe uma natureza virgem?

Um dos mitos do imaginário ocidental é o da floresta virgem, exuberante e devoradora de homens. Como ela é na realidade?

Desde suas origens, a espécie humana vem se implantando em todos os ecossistemas da Terra: dos mais desprovidos de vegetação, na zona ártica e nas regiões desérticas, aos mais úmidos, nas florestas equatoriais, e aos mais elevados, no topo das montanhas. Ela vive nesses lugares e interage com os ambientes naturais. Nos cerca de 10 mil anos em que o Homem pratica a agricultura sob todos os climas, ele transforma as paisagens terrestres, escavando a terra e modificando os relevos e os cursos de água, e principalmente substituindo a vegetação natural por plantas cultivadas de seu interesse. Ao fazer isso, ele favorece o crescimento de certas espécies e a difusão de espécies adventícias, e atrai espécies animais ávidas por produtos cultivados: ele cria novas cadeias alimentares, novos ecossistemas.

O homem está por toda parte

Mais sutilmente, efeitos similares acompanham a criação de animais. Ao pastar, ovinos e bovinos escolhem certas plantas e rejeitam outras; seus excrementos modificam a química do solo, atraindo micróbios e insetos... Os campos carregam seus vestígios por muito tempo. O mesmo acontece com as atividades de caça e coleta. Todas essas técnicas humanas colocam em ação os mesmos mecanismos, modificando a distribuição e a dinâmica das populações vegetais e animais; elas criam novas cadeias tróficas*, novas estruturas ecossistêmicas. Já se mostrou como os coletores da floresta equatorial transplantam ou protegem o inhame ou o durião (fruto de árvore tropical); como as queimadas restringem o crescimento das árvores. A estrutura atual das florestas equatoriais, de riquíssima diversidade, é o resultado de dois ou três milênios de práticas de agricultura itinerante (com as queimadas e os longos períodos de descanso que a caracterizam) – o que mostra, de passagem, que esse tipo de agricultura não é incompatível com a regeneração dessa floresta.

A natureza virgem: um conceito ocidental

A utopia de uma natureza intacta, a ilusão da *wilderness* que convém proteger do homem, colocando-a "sob redoma", esteve na base da criação do primeiro parque nacional no mundo, o de Yellowstone, nos Estados Unidos, em 1872. Os colonos vindos do Mundo Antigo simplesmente esqueceram que aquelas grandes planícies verdes, percorridas por bandos de bisões, eram o terreno de caça dos ameríndios, preparados com a ajuda do fogo. Expulsos os índios, suprimidas as queimadas, a planície logo foi conquistada pela vegetação.

O conceito ocidental de Natureza, virgem de Homens, repousa numa filosofia vinda da Grécia Antiga e da tradição cristã, que confere um lugar especial ao Homem na natureza, da qual ele não faria parte. Na verdade, os ecossistemas do mundo que herdamos de nossos ancestrais resultam de uma coconstrução sutil de sistemas vivos. A natureza não é virgem desde a origem de nossa espécie, há 200 mil anos.

Depois da era industrial, a partir do século XVIII, a transformação do meio ambiente em todos os continentes, na medida da expansão mundial dos europeus, cresceu a ponto de modificar os dois componentes essenciais da biosfera, o ar e o mar. O corpo

---

* Relativo à alimentação. (N.E.)

dos pinguins da Antártica carrega vestígios de DDT, vinte anos depois de seu uso ter sido abandonado no hemisfério Norte. Periodicamente, os imensos navios de comércio que cruzam todos os mares lançam na água seus reservatórios de lastro, e com eles inúmeras espécies vivas, que conquistam então novos espaços aquáticos, transformando os ecossistemas marinhos.

Recentemente, foram descobertos "continentes de plástico" no centro de todos os oceanos do planeta, no lugar onde as correntes circulares acumulam os dejetos e os sacos plásticos descartados por toda a humanidade. Não, decididamente, a natureza virgem não existe mais.

Serge Bahuchet

Sete bilhões de seres humanos hoje, quantos amanhã?

A população mundial aumenta rapidamente, sugerindo o perigo da superpopulação. Corremos o risco de chegar à extinção de nossa espécie, depois de esgotar todos os recursos terrestres?

Somos 7 bilhões de seres humanos. Sete vezes mais que em 1800! Poderemos chegar a cerca de 11 bilhões em 2100. O crescimento da população continuará para sempre, chegando a 15 bilhões, 30 bilhões de habitantes? Ou poderá ocorrer uma estabilização?

Hoje, a população mundial está em ascensão porque os nascimentos são três vezes mais numerosos do que as mortes. Essa diferença teve início há dois séculos, na Europa e na América do Norte, quando a mortalidade começou a baixar, marcando o início do que os cientistas chamam de "transição demográfica".

O crescimento demográfico pode se interromper?

A taxa de crescimento da população caiu pela metade nos últimos cinquenta anos, passando de mais de 2% ao ano a 1,1% em 2015. Ela deveria continuar a baixar, pois a fecundidade global diminuiu: 2,5 filhos em média por mulher no mundo em 2015, contra 5 filhos em 1950. Contudo, em certas regiões, a fecundidade ainda é superior a 3 filhos (quase toda a África intertropical e nas regiões que vão do Afeganistão até o norte da Índia, passando pelo Paquistão). A África, principalmente, poderia passar de 1 bilhão de

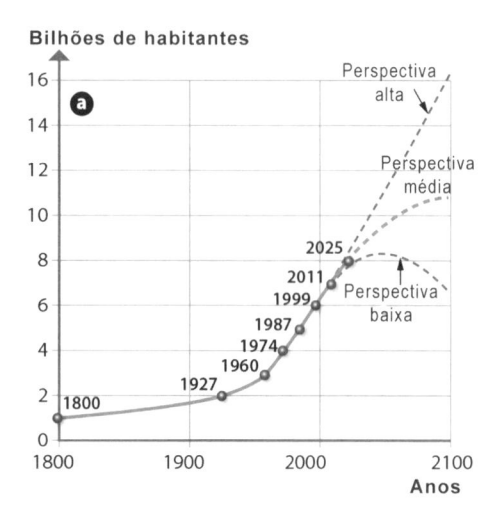

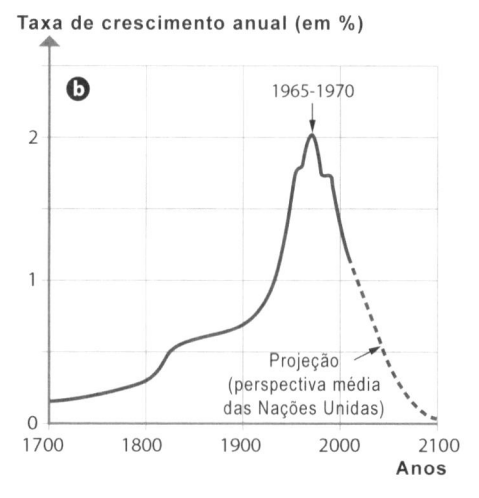

(a) A perspectiva demográfica "média" da Organização das Nações Unidas (ONU) é considerada a mais provável: 8,1 bilhões de habitantes em 2025, 9,6 bilhões em 2050, 10,9 bilhões em 2100. A perspectiva baixa, em que as mulheres têm em média meia criança a menos do que na perspectiva média, leva a 6,8 bilhões de habitantes em 2100, enquanto a perspectiva alta, em que elas têm meio filho a mais, a 16,6 bilhões na mesma data.
(b) Taxa de crescimento da população mundial de 1700 a 2100.

habitantes em 2010 para 2,5 bilhões em 2050, e mais de 4 bilhões em 2100, apesar da epidemia de AIDS. Em um século, mais de um a cada três homens poderá ser africano.

Implosão, explosão ou equilíbrio?

Como se sabe tudo isso? O futuro não foi escrito, sem dúvida. Mas as projeções demográficas de curto prazo, para algumas décadas, são relativamente seguras. A maioria das pessoas que estarão vivas em 2050 já nasceu, conhecemos seu número; também podemos estimar, sem muito erro, a quantidade de seres humanos de hoje que não estarão mais vivos. O número de recém-nascidos também pode ser avaliado, pois suas mães já nasceram.

Para além disso, no entanto, o futuro está cheio de interrogações, principalmente a respeito das taxas de fecundidade. Se a família de pequeno tamanho se tornar dominante de maneira duradoura, com uma fecundidade média inferior a 2 filhos por mulher, a população mundial, depois de atingir o nível máximo de 9 bilhões de habitantes, diminuirá inexoravelmente até a extinção. Ao inverso, se ela voltar a subir nos países onde é muito baixa e se estabilizar acima de 2 filhos por mulher, haverá um crescimento ininterrupto, e o desaparecimento da espécie dessa vez será por excesso.

Os modos de vida são mais importantes do que o número de homens?

Se não chegarmos a nenhuma dessas duas projeções catastróficas, devemos imaginar, a longo prazo, um cenário de retorno ao equilíbrio. A curto prazo, porém, não importa o que se faça, a humanidade não escapará a um aumento de 2 a 4 bilhões de habitantes no próximo século, devido à *inércia demográfica*: a diminuição da fecundidade não leva imediatamente a uma diminuição da população. A população ainda compreende, de fato, muitos adultos em idade de ter filhos, o que leva a um número elevado de nascimentos. As pessoas idosas, em contrapartida, são pouco numerosas, e o número de mortes é pequeno.

Embora o crescimento demográfico não possa ser contido imediatamente, é possível agir sem demora sobre os modos de vida, a fim de torná-los mais respeitosos ao meio ambiente e mais econômicos em seus recursos. A verdadeira questão, da qual depende a sobrevivência da espécie humana a longo prazo, está menos no número de seres humanos do que em seus modos de vida.

Gilles Pison

O que é uma pegada ambiental?

A cada vez que você come um hambúrguer, que utiliza seu carro, que liga a estufa em casa, que puxa a descarga, você aumenta sua "pegada ambiental". Mas o que isso significa?

Em função do crescimento da agricultura e da pesca, da utilização de combustíveis fósseis, da extração mineral, da emissão de compostos tóxicos etc., nossa pegada ambiental aumentou rapidamente depois do início da Revolução Industrial, ao fim do século XVIII, chegando a níveis nunca antes alcançados. Esse conceito é utilizado para quantificar os impactos ambientais que causamos ao consumir recursos naturais e produzir dejetos. É preciso diferenciar três tipos de pegadas, que correspondem a diferentes métodos de avaliação: a pegada material, a pegada biomassa e a pegada ecológica.

Quais as quantidades consumidas?

A pegada material corresponde ao volume total de nossos consumos materiais: biomassa (ou massa dos organismos vivos que caçamos, pescamos ou criamos), energias fósseis (petróleo, gás, carvão), elementos minerais (água, minério de ferro, bauxita...) e materiais de construção (areia, calcário etc.). Desde 1900 a pegada material aumenta mais lentamente do que o produto interno bruto (PIB) global, mas mais rapidamente do que a população: os volumes consumidos por habitante tendem a aumentar, pois estão relacionados ao PIB do país. Por exemplo, o consumo de "água azul", destinada à produção de água potável, já excede as capacidades de regeneração das zonas aquíferas em 20%. Esse desequilíbrio concerne a 1,7 bilhão de habitantes, dos quais 60% vivem na China e na Índia.

Importância do consumo de biomassa

A segunda maneira de considerar a pegada ambiental é a "pegada biomassa", de acordo com três componentes: o consumo de biomassa – alimentos, energia, materiais para moradia (madeira etc.), roupas (algodão, lã etc.), ferramentas, corantes, medicamentos, papel etc.; as perdas de biomassa, ditas "de conversão", entre a colheita e o consumo; por fim, as perdas ligadas à transformação dos habitats, pois os ecossistemas modificados pelo Homem em geral são menos produtivos do que os ecossistemas espontâneos. O primeiro componente, o consumo humano, representa apenas 10% dessa pegada. Ela varia muito conforme as regiões do mundo.

Fato primordial, a pegada biomassa determina a manutenção da biodiversidade, pois esta depende dos recursos de que dispõe, deixados pelos humanos. Uma redução de nossa pegada biomassa poderia vir especialmente de um menor consumo de bens cuja produção é acompanhada por grandes perdas de conversão, como as proteínas animais.

Biodiversidade, efeito estufa e "biocapacidade"

O terceiro método de avaliação da pegada ambiental, a pegada ecológica, combina os impactos "biodiversidade" e "gás de efeito estufa". Para isso, avaliam-se as superfícies produtivas indispensáveis às necessidades de uma população, correspondentes a seis impactos ambientais distintos: as superfícies de cultivo, de pastagem, de pesca, de construção e de florestas, com dois destinos para esta última, produzir madeira e armazenar as emissões de gases de efeito estufa.

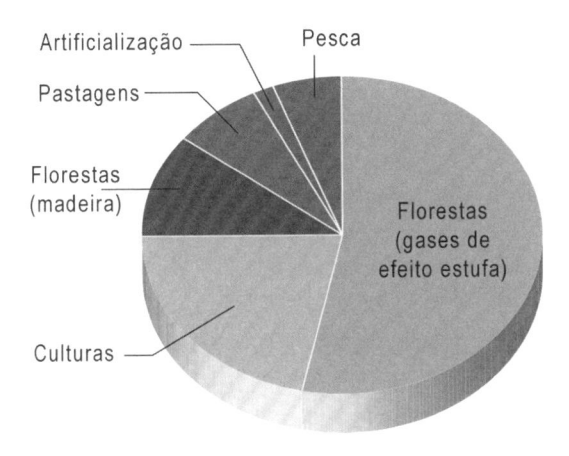

Pie chart labels: Artificialização, Pesca, Pastagens, Florestas (madeira), Florestas (gases de efeito estufa), Culturas

Distribuição dos seis tipos de superfície que compõem a pegada ecológica. A maior parte da pegada é climática. A superfície total necessária por ser humano era de 2,6 hectares em 2010.

Desde 1987, a pegada ecológica da humanidade excede a "biocapacidade" do planeta, isto é, as superfícies que permitem a produção de recursos renováveis e a absorção dos gases de efeito estufa. Hoje, nosso modo de vida consome na ordem de 1,8 planeta, cada indivíduo utilizando em média cerca de 3 hectares, com grandes variações conforme os países. Ora, se consumimos mais do que a Terra pode oferecer, rumamos a condições planetárias diferentes, que a humanidade jamais conheceu...

Denis Couvet

Por que as atividades humanas levam ao desaparecimento das espécies?

Andar de avião, ir ao supermercado, comprar móveis etc. podem ter um impacto sobre plantas e animais que vivem a milhares de quilômetros de distância? Sim, mil vezes sim. Entenda por quê.

Por muito tempo, os seres humanos não causaram mais impacto em seu ambiente do que um animal de tamanho comparável, onívoro, como o javali, por exemplo. Pouco numerosas, as atividades humanas impactavam muito pouco o meio ambiente. Foi depois do domínio do fogo, há cerca de 800 mil anos pelo *Homo erectus*, e principalmente depois do cultivo de várias plantas e da domesticação de mamíferos e de aves pelo *Homo sapiens*, há cerca de 10 a 12 mil anos, que as coisas começaram a mudar consideravelmente.

Graças a diversas invenções revolucionárias, como o arco e a flecha, a roda, o uso dos metais, os moinhos, a pólvora negra (que produto de dominação!), a imprensa, a máquina a vapor e, mais tarde, a produção de agroalimentos, antibióticos, plásticos, computadores etc., o ser humano pôde se proliferar e degradar a natureza circundante. Paul Crutzen, prêmio Nobel de química em 1995, propôs no ano 2000 o termo "antropoceno" para caracterizar a fração da história da Terra durante a qual as atividades humanas se tornaram o mais poderoso motor da evolução da vida.

O antropoceno e as extinções

Uma das principais consequências da atividade humana é o desaparecimento de inúmeras espécies. Que fim levaram os mamutes, os auroques, os ursos, os leões das cavernas, os grandes bisões e os rinocerontes pintados nas cavernas do oeste da Europa? E os de um passado recente? Que fim levaram a arara-azul-pequena, os moas da Nova Zelândia, os elefantes e hipopótamos anões das ilhas do Mediterrâneo, o pinguim ártico, o pombo-passageiro norte-americano? E o dodô, o lobo-da-Tasmânia, o sapo do Jordão, o baiji ou golfinho-do-Yang-Tsé?

Desde a origem da vida, há cerca de 4 bilhões de anos, as espécies vivas nunca cessaram de desaparecer. Na história da Terra, os paleontólogos destacaram, durante os últimos 800 milhões de anos, cerca de sessenta crises de extinção de espécies, dentre as quais cinco mais significativas. Uma dessas grandes crises de extinção foi o desaparecimento de no mínimo três quartos das espécies em menos de meio milhão de anos! Causas múltiplas estiveram em ação: aumento da temperatura, degelo dos hidratos de gás e do permafrost, gigantescas emissões de gases de efeito estufa ligados a um intenso vulcanismo, impactos de meteoritos, diminuição da quantidade de oxigênio no ar e na água...

Rumo à sexta extinção?

Hoje, certos observadores comparam a situação atual a uma sexta grande crise de extinção, dessa vez causada pelas atividades humanas. Diversas maneiras de calcular as taxas de extinção em curso foram propostas, por exemplo, em 2005, na *Avaliação ecossistêmica do milênio*, encomendada pelo secretário-geral da ONU, Kofi Annan. Elas convergem para uma taxa de duzentas a quatrocentas vezes mais rápida do que a dos últimos 800 milhões de anos.

Então o ser humano é responsável por tudo isso? Sim. Mas como, exatamente? Ele com frequência (principalmente em ilhas) caça e pesca em excesso e introduz invasores e predadores. Na escala global, ele destrói os ecossistemas através do cultivo e da urbanização, ele polui o ar, a água e o solo, explora em demasia os recursos biológicos (desmatamento, pesca predatória), dissemina espécies invasoras e modifica o clima! O desaparecimento das populações animais, como o bacalhau-do-atlântico (*Gadus morhua*) na Terra Nova, o atum vermelho no Mediterrâneo, e vegetais, como a floresta em Madagascar, no Brasil ou na Indonésia, levarão a extinções se continuarmos com a destruição cega de nosso "capital natural". Uma tomada de consciência generalizada está em curso. Mas seremos capazes de mudar nossos hábitos na mesma velocidade das mudanças ambientais que desencadeamos a nosso redor?

Gilles Bœuf

O *Homo turisticus* é um benfeitor?

O turismo não para de se desenvolver, desde o final do século XIX. A Oceania é um exemplo. Embora essa evolução favoreça a mestiçagem cultural, ela também causa muitos inconvenientes, como ameaças ambientais.

No século XVIII, com os relatos de James Cook e Louis-Antoine de Bougainville, os europeus descobriram uma nova região do planeta: a Oceania. Os filósofos das Luzes a utilizaram para desenvolver novas ideias a respeito da natureza humana. "Somos inocentes, somos felizes; e tu não podes prejudicar nossa felicidade", diz o patriarca dos taitianos a Bougainville, no *Suplemento à viagem de Bougainville*, de Denis Diderot (1796). Assim nasce o universo fantasioso de uma espécie de paraíso terrestre. No século seguinte, missionários partem para essas ilhas para difundir a ideologia cristã, enquanto as potências estrangeiras as colonizam. Vendo as volúpias do éden oceânico, uma nova indústria se desenvolve: o turismo.

Cruzeiros, iates e aviões

Em 1884, uma companhia de Sydney passou a comercializar com sucesso cruzeiros a bordo de barcos a vapor. Dois anos depois, uma linha marítima ligou Marselha aos territórios oceânicos do império colonial francês. No entreguerras, o desenvolvimento do iatismo levou alguns americanos abastados a realizar viagens de longo curso pelos arquipélagos. Esse exemplo foi seguido pela expedição francesa de *La Korrigane* (1934-1936), que trouxe para o novo Museu do Homem milhares de objetos e fotografias. Após a Segunda Guerra Mundial, a aviação favoreceu uma indústria turística de massa no Havaí, no Taiti, em Samoa e em Fiji.

Os turistas levaram para a costa oeste dos Estados Unidos as modas *tiki* e *hula*, baseadas nas representações do bom selvagem e da *vahiné*, sempre disposta a se oferecer aos homens. Eles levaram lembranças felizes às centenas de milhares de antigos combatentes da Guerra do Pacífico (1941-1945). Inúmeros oceânicos, por sua vez, alistados nos exércitos aliados, descobriram as metrópoles colonizadoras.

O desenvolvimento do turismo oceânico

A partir dos anos 1960, a independência de certos territórios os levou a criar sua própria indústria turística para desenvolver suas economias. Como costuma acontecer, a medalha teve seu reverso.

Grandes redes hoteleiras se instalaram e criaram empregos, atraindo jovens camponeses, que abandonaram suas ilhas. Grandes manifestações culturais, como o Festival das Artes do Pacífico, levaram ao convívio de artistas insulares com turistas do mundo todo. A demanda por produtos artesanais (máscaras, objetos de madeira) fez nascerem novas atividades comerciais. No entanto, no fim dos anos 1990, os centros de produção se deslocaram para Bali, cujas competências artesanais passaram a ser vendidas a preços muito mais baratos. Hoje, é lá que são fabricados quase todos os objetos vendidos aos turistas nos mercados locais.

O costume polinésio de acolher os hóspedes com um colar de flores se espalhou por toda a Melanésia. Mas esses colares hoje são feitos com flores artificiais, fabricadas na China...

A tatuagem, marca do status social daquele que a usa, proibida por muito tempo pelos missionários, retornou 150 anos depois ao Ocidente em todas as camadas sociais. Contudo, é vista como uma pilhagem cultural por certos melanésios ou polinésios, como nas Ilhas Marquesas. No vale do Sepik, na Papua-Nova Guiné, o desejo de atrair os turistas incentivou os aldeões a reconstruírem edifícios "tradicionais" abandonados pouco tempo antes. Certas agências de viagem, por outro lado, compreenderam que deviam explorar o gosto dos ocidentais e dos asiáticos pelos "selvagens" e pela "coleção de cabeças", reforçando as desigualdades.

O tamanho dos navios de cruzeiro (e às vezes dos aviões) aumenta para transportar cada vez mais passageiros. Ora, seu desembarque em ilhas povoadas por algumas centenas de habitantes é muitas vezes vivido como uma verdadeira poluição do meio ambiente e das culturas locais. Assim, nesses arquipélagos afastados dos grandes continentes, não são os habitantes que determinam a evolução do turismo, mas a economia e a geopolítica mundiais.

Christian Coiffier

A EXPANSÃO DE NOSSOS MODOS DE VIDA CHEGOU AO LIMITE?

A medalha dos progressos humanos tem um grande reverso: um ambiente degradado e novos riscos para a saúde. Chegamos a um limite dificilmente superável?

Há duzentos anos as tecnologias e atividades humanas contribuem para reduzir as epidemias de fome e de doenças infecciosas, bem como para melhorar a qualidade e a duração da vida. Em apenas dez gerações, esses progressos levaram a uma notável expansão do *Homo sapiens*, tanto nos planos energético, alimentar e morfológico quanto médico ou demográfico.

Progressos com duas faces

O uso das máquinas a vapor, das energias carboníferas (madeira, carvão, petróleo e gás) e de todas as formas de motorização decuplicaram as capacidades de transporte dos homens e das mercadorias em todas as direções e em todos os meios, mesmo os mais hostis. Ao mesmo tempo, porém, elas deslocaram vetores de doenças e espécies que podem ser agressivas ou invasoras. A combustão das energias fósseis também produziu gases de efeito estufa, a acidificação dos mares e dos oceanos, e o desregramento climático em curso.

Os aportes alimentares, cada vez mais importantes e ricos, aumentaram a estatura e a população dos países que deles se beneficiaram. Assim, a altura e o peso aumentaram em 15 cm e

35 kg em média na França desde a Revolução. O prêmio Nobel de economia Robert Fogel mediu os impactos econômicos e sanitários dessa evolução, que levou, secundariamente, ao aumento da incidência de doenças metabólicas, como o diabetes. Além disso, a superexploração dos recursos, vivos ou minerais, colocou em questão as reservas ainda acessíveis, as maneiras de utilizá-las e suas consequências sobre a saúde humana.

Por fim, a redução da mortalidade graças ao desenvolvimento socioeconômico foi seguida, em todos os países, por uma diminuição da natalidade. O crescimento demográfico facilitou a expansão de nossa espécie, com todas as consequências que isso implica (inclusive novas vulnerabilidades ligadas ao envelhecimento por doenças cardíacas, neurológicas, cânceres...).

Vemos o surgimento de nossos limites?

A cada etapa, o progresso é acompanhado por impactos imprevistos. Mas nossa progressão nitidamente começou a diminuir nas últimas décadas. Na França, por exemplo, a taxa anual de crescimento da expectativa de vida feminina caiu 80% em duas gerações, passando de doze meses em 1950 a duas semanas hoje; ela chegou inclusive a ficar estagnada por três anos seguidos, entre 2011 e 2015. Os níveis máximos já atingidos por algumas de nossas capacidades colocam em questão nossas margens de adaptação.

Por outro lado, o uso, mesmo criterioso, de inseticidas e antibióticos levou ao surgimento de espécies infecciosas ultrarresistentes, como certos bacilos de Koch, agente da tuberculose. Ora, a qualidade do meio ambiente condiciona a abundância e a distribuição geográfica desses agentes patogênicos. Condições climáticas alteradas também poderiam facilitar a multiplicação e a virulência de certos vetores (como o mosquito-tigre), ao passo que nosso arsenal terapêutico cessou de progredir.

O retorno do deus Pã?

A compreensão de nossas interdependências será determinante para preparar nossa espécie às condições ambientais desse século – das ondas de calor aos sobressaltos da produção agrícola, da submersão litorânea ao surgimento de bactérias e vírus, dos conflitos de crenças aos antagonismos geopolíticos.

A soma dos saberes hoje disponíveis (em alguns "cliques" na Internet) expõe cada vez mais violentamente a ideia de que nossas tentativas de prolongar a vida – a nossa e a de nossos descendentes – apresentam um risco sistêmico maior, talvez a curto prazo. Precisamos, portanto, manter um registro preciso de nossas interações e avaliar a maneira como o Homem se transforma e, ao mesmo tempo, prejudica o meio ambiente. Condição de nossa perenidade, a justiça das novas sociedades nos obriga a integrar a nossos cálculos a totalidade dos empréstimos que tomamos da natureza e das gerações futuras.

Jean-François Toussaint

Somos todos mestiços?

Antigas classificações raciais podem demorar a morrer. Elas procuram preservar uma espécie de distância entre as pessoas. Podemos considerar os fatos mais de perto, sob o ângulo da demografia.

Mistura, mestiçagem, união mista, miscigenação... Várias expressões são utilizadas para nomear o crescimento do número de casais de origens ou culturas diferentes em nossa sociedade, sobretudo entre os jovens. Mas os termos "misto", "miscigenado", "mestiço" e "mestiçagem" têm um grande defeito. Fazem pensar na existência de grupos humanos "puros", que ao longo do tempo teriam se misturado para produzir híbridos. Ora, tais grupos nunca existiram. Os pesquisadores descobriram em nosso genoma, por exemplo, segmentos de DNA Neandertal. Este sem dúvida recebeu seu DNA de outros ramos do gênero *Homo*, conforme atestado pela descoberta do Homem de Denisova, um hominídeo que cruzou com o *Homo sapiens* antes de desaparecer há 40 mil anos. A miscigenação é mais velha do que o mundo.

Em contrapartida, visivelmente existem negros, amarelos, brancos, seres humanos de cabelos lisos, cacheados ou crespos. Mas quando essas características são analisadas de perto, constatamos que variam constantemente no espaço e mesmo localmente: passa-se do preto de ébano ao branco por uma sucessão de tons intermediários sem que seja possível determinar uma nítida divisão. O antropólogo Jean-Luc Bonniol, interessado pela maneira como os antilhenses dão nomes à cor da pele, registrou mais de trinta expressões diferentes. Da mesma forma, a textura dos cabelos tem uma variedade infinita. Na verdade, quase todas as características biológicas apresentam grande diversidade. A frequência de um grupo sanguíneo, por exemplo, pode ser diferente entre duas populações da mesma região e similar entre duas populações distantes.

Quantos casais mistos?

A intensidade dessas misturas pode ser medida. Na França, graças ao recenseamento de 2011, é possível calcular a proporção de casais mistos, definidos como a união de uma pessoa nascida francesa e de um estrangeiro nascido no exterior. Resultado: eles constituem 8,5% do total de casais, duas vezes mais do que há quarenta anos, chegando a mais de 10% entre as gerações mais jovens.

Porcentagem de casais mistos segundo a idade, na França, em 2011

Idade (anos)	% mistos
20-24	10,9
25-29	11,4
30-34	10,2
35-39	9,7
40-44	8,8
45-49	7,7
50-54	6,5
55-59	5,8
60-64	5,7

Esses casais mistos têm uma fecundidade intermediária entre a dos casais estrangeiros e a dos casais franceses nascidos

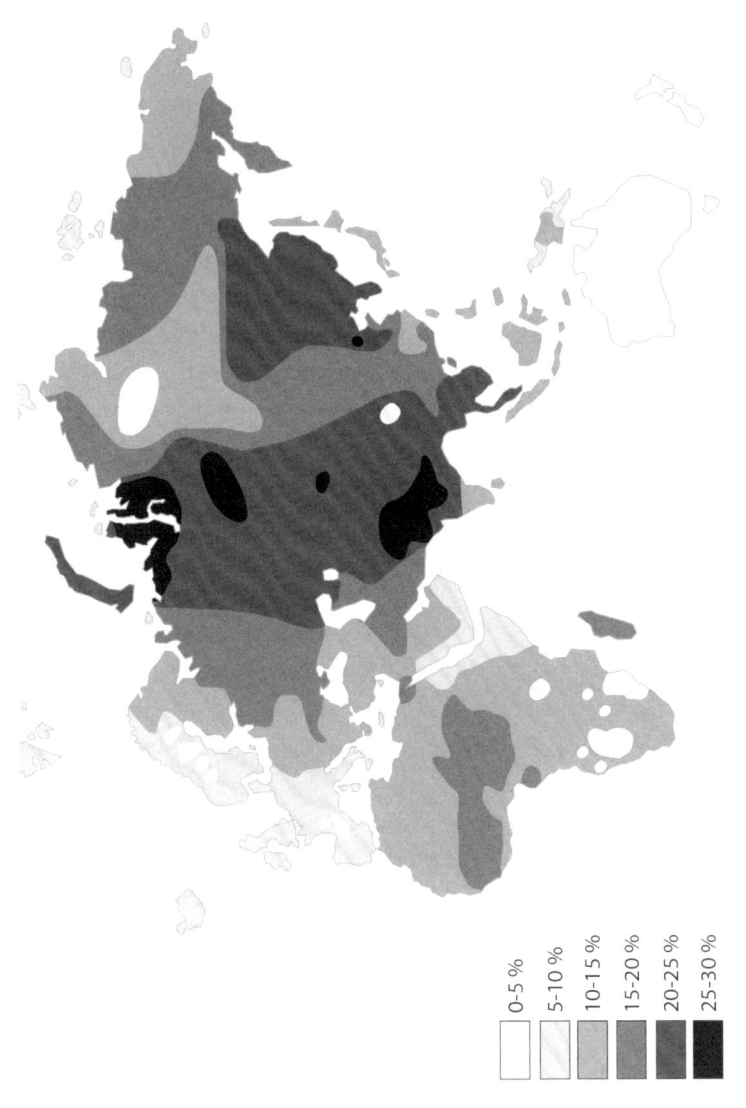

Frequência do grupo sanguíneo B (o mais raro) na Europa e na Ásia. Regiões próximas (por exemplo, na Escandinávia, na Rússia e na Índia) têm frequências muito diferentes. Conforme http://anthro.palomar.edu/vary/vary_3.htm

franceses. Tanto que a distribuição de nascimentos segundo o tipo de casal parental foi a seguinte, em 2012:
- dois pais imigrantes: 10% dos nascimentos
- casal misto, um pai imigrante e um pai não imigrante: 15%
- dois pais não imigrantes: 75%

Da geração dos pais à geração dos filhos, a miscigenação quase dobrou, portanto, passando de 8,5 % para 15%.

Mestiçagem, um movimento natural

As estatísticas do estado civil francês permitem voltar um grau na ascendência, determinando-se a origem dos avós. Constata-se, então, que o número de casais mistos dobra de novo, elevando-se a 30%. Não é possível voltar à geração dos bisavós. Em contrapartida, pode-se calcular a mestiçagem nas gerações futuras, supondo que a origem dos avós não terá um papel na escolha do cônjuge. A mestiçagem se elevaria então a 64% em quatro gerações, e a 85% em apenas cinco gerações.

Se nos voltarmos para o passado, a constatação será inegável: um número tão grande de gerações se sucedeu depois que o *Homo sapiens* chegou à Europa (há 40 mil anos) que a mestiçagem é generalizada. É fácil demonstrá-lo por meio de uma hipótese absurda: imaginemos que as migrações representassem apenas um milésimo da população a cada geração, digamos duas mil pessoas por ano; em dez gerações, ou três séculos, somente 3 crianças a cada 100 mil não teriam nenhum ancestral imigrante, enquanto a imigração teria contribuído para o aumento da população com apenas 1%. Definitivamente, somos todos mestiços.

Hervé Le Bras

Devemos intensificar a agricultura ou passar para a agroecologia?

A agricultura precisa responder a duas ambições a princípio contraditórias: alimentar melhor um número crescente de seres humanos e diminuir seu impacto sobre os ecossistemas. Como fazer isso?

Em 2050, a Terra terá cerca de 10 bilhões de habitantes. Como a agricultura os alimentará? Se prolongarmos as dinâmicas atuais, ela causará cada vez mais impacto sobre o meio ambiente, com o aumento das superfícies de cultivo ampliará o desmatamento, emissões de gases de efeito estufa (GEE) e poluição por pesticidas e fertilizantes.

Terras cultivadas	+ 20%
Campos	+ 15%
Pesticidas	+ 160%
Adubos nitrogenados	+ 150%
Fosfatos	+ 120%
Florestas tropicais	- 30%

Impactos esperados da agricultura em 2050, em escala mundial.

Intensificação agrícola por meio do progresso técnico...

Duas abordagens contrastantes tentam resolver esse dilema. Para a primeira, a opção da intensificação, é preciso aumentar a produtividade das terras (a produção de cada hectare) para limitar o desmatamento. Como? Otimizando o uso dos solos e o cultivo das culturas, graças às biotecnologias, à química, à robótica e à agricultura de precisão.

O perigo dessa abordagem tecnológica é que seus resultados podem se opor às suas intenções. Um exemplo? Variedades mais produtivas de dendezeiro aumentariam seu interesse comercial e consumos supérfluos, e favoreceriam sua ampliação... às custas da floresta tropical.

...ou inovação social e ecológica?

Em contraste, a segunda abordagem, chamada de agroecológica, privilegia as "funcionalidades" naturais dos agroecossistemas: a fertilidade dos solos, a reciclagem dos nutrientes, a polinização, a purificação das águas, o controle dos inimigos das culturas por outras espécies etc. Ela constata que a produção agrícola de hoje seria suficiente para alimentar 9 bilhões de seres humanos se fosse melhor utilizada e distribuída.

Ela busca levar em conta o conjunto dos saberes, científicos e camponeses. Através da "seleção participativa", permite aos agricultores intervir no melhoramento das plantas e dos animais para responder às suas necessidades particulares. As inovações ecológicas e sociais são prioritárias. Assim, novos modos de reconhecimento social e de remuneração dos agricultores são explorados, como a valorização de seu papel no funcionamento dos ecossistemas, a qualidade da água e do ar, a regulação do clima, a qualidade das paisagens e o turismo.

Mais ou menos carne?

No debate entre essas duas abordagens, o consumo de carne é um tema crucial, que pode aproximá-las. Desde o surgimento de nossa espécie, há 200 mil anos, o consumo de carne vem contribuindo para seu desenvolvimento. Hoje, ele é portador de certo status social, pois o vegetarianismo continua marginal. Consequentemente, a produção de carne, já multiplicada por cinco nos últimos sessenta anos, poderia duplicar de hoje até 2080.

A produção de carne é uma das grandes responsáveis pelos impactos ambientais da agricultura. Ela consome muita água e recursos vegetais (10 kg de proteínas vegetais para cada 1 kg de carne, em média); produz muitos gases de efeito estufa (80% das emissões da agricultura, ou 15% das emissões totais) e dejetos ricos em nitratos e fosfatos. Além disso, a criação intensiva vai contra o bem-estar animal.

Diminuir o consumo de carne e, portanto, sua produção, seria benéfico ao meio ambiente, mas também para a saúde. E produzir menos carne permitiria aumentar a produção agrícola para uso direto dos humanos. Nesse ponto, pela primeira vez, os objetivos das abordagens "intensificadora" e "agroecológica" se alinham perfeitamente!

Denis Couvet

Desenvolvimento sustentável ou desenvolvimento humano?

O desenvolvimento sustentável é definido em termos de "satisfação das necessidades das gerações atuais e futuras". Podemos complementar essa ideia com a de desenvolvimento humano. Integrando o conjunto das aspirações humanas, ele compreende a liberdade, a preocupação com a justiça e com a biodiversidade, e a possibilidade de escolha de uma "vida boa".

Ao longo dos dois últimos séculos, as perceptíveis melhorias da educação, da saúde e do bem-estar material foram suficientes para justificar a ação política. Hoje, porém, os objetivos dos políticos também precisam abordar problemas ambientais, locais e globais, desigualdades entre e dentro dos países. Consequentemente, os objetivos dos políticos precisam ser melhor definidos, e de maneira universal.

Capacidades: escolher sua vida em liberdade

Integrando todos os valores que fazem com que uma vida humana valha a pena ser vivida, a noção de "capacidade", proposta no início da década de 1980 pelo economista indiano Amartya Sen, prêmio Nobel de economia em 1998, designa a possibilidade, para um indivíduo ou um grupo, de escolher seu modo de vida entre todos aqueles que lhe são possíveis. Essa escolha determina então suas "realizações"; por exemplo, alimentar-se corretamente ou ter uma boa educação.

A finalidade da ação política seria então reunir as condições necessárias a tal escolha. Essas condições são sociais (educação, saúde, possibilidades de negociações coletivas) e ambientais (estado dos ecossistemas). A abstenção política de certas minorias se deveria, assim, a uma deficiência da ação política, que

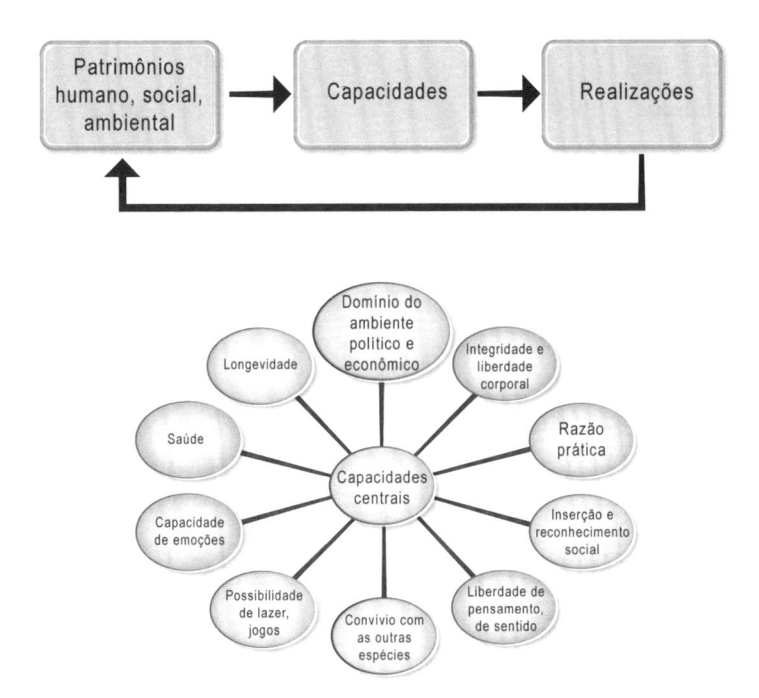

Fig. 1. Relações entre o que se possui (patrimônios), o que se pode escolher fazer na vida (capacidades) e o que de fato é feito (realizações). As capacidades são todas as vidas e atividades que os indivíduos e as sociedades potencialmente poderiam levar, tendo em vista os meios e as regras de que eles dispõem. As realizações resultam das escolhas entre essas capacidades e determinam os patrimônios.

Fig. 2. As dez capacidades centrais elencam as diferentes dimensões do desenvolvimento humano. A forma concreta de cada uma depende do contexto social. A capacidade "saúde", por exemplo, pode estar associada, dependendo dos ambientes, a riscos de asma, câncer, desnutrição...

não lhes oferece opções atraentes, mais do que a uma falta de engajamento político.

As dez capacidades centrais

A fim de definir as implicações do enfoque da capacidade para a ação política, a filósofa norte-americana Martha Nussbaum definiu dez capacidades centrais. As políticas públicas se preocuparam mais em melhorar as capacidades "materiais", através do controle do ambiente político e econômico, e, em menor medida, do aumento da longevidade e de melhorias na saúde.

Nos países mais ricos, o importante é desenvolver as capacidades "espirituais", como a importância atribuída à biodiversidade, às emoções, ao lazer. Elas poderiam constituir prioridades, capazes de favorecer o desenvolvimento humano nesses países, numa escala planetária.

Essas capacidades fundamentais são "irredutíveis": a falta de uma não pode ser contrabalançada pelo aumento de outra. Um governo não pode compensar uma riqueza maior com uma menor liberdade de pensamento, ou menos saúde dos indivíduos com uma maior liberdade corporal. A importância atribuída a uma ou a outra é o resultado tanto do debate democrático quanto das preferências individuais.

Pobre ou rico?

O conceito de "capacidades centrais" oferece novos critérios para definirmos riqueza e pobreza. A pobreza é definida, assim, conforme se está abaixo ou acima de um nível de capacidade nessas dez dimensões centrais. Ele também permite caracterizar socialmente os impactos ambientais. Os indivíduos ou grupos com os maiores impactos ambientais impedem outros indivíduos ou grupos de alcançar um valor mínimo para suas capacidades centrais. Um consumo excessivo de petróleo ou carvão em certos países, por exemplo, acelerando o aquecimento global, prejudica as capacidades centrais das populações litorâneas, ameaçadas pela subida das águas. Com as capacidades, as políticas públicas decididamente não podem mais se contentar em apenas aumentar a riqueza material.

Denis Couvet

Como seremos (ou não) no futuro?

O Homem do futuro talvez viva cercado de tecnologias variadas. Mas continuará sujeito aos acasos do tempo e da evolução, como as espécies naturais?

Nos últimos dois séculos, a estatura dos indivíduos aumentou devido às mudanças das condições ambientais: qualidade da alimentação, diminuição da incidência de doenças infecciosas infantis, maior miscigenação genética. Continuaremos crescendo? Em certas regiões, como na Holanda, o aumento da estatura nas últimas décadas parece chegar a um platô, o que não acontece no sul da Europa, onde a estatura é mais reduzida. Esse crescimento, porém, tem limites fisiológicos ligados à carga que o esqueleto pode suportar.

Outras variações de nossos modos de vida (mais sedentarismo e alimentos mais calóricos) causaram uma explosão dos índices de obesidade nos últimos trinta anos. Seremos todos mais gordos no futuro? Isso depende de como serão nossos modos de vida futuros. Essa epidemia está sob controle em certos países, graças a políticas de saúde pública, mas em geral as classes sociais urbanas pobres correm mais riscos em razão de um regime alimentar desequilibrado, pobre em proteínas.

O jogo da seleção

A longuíssimo prazo, é preciso pensar em termos de seleção natural. Nossa espécie, como todas as outras, evolui biologicamente. Para que uma característica física se modifique numa espécie, é preciso que haja uma certa variação e, depois, que ela seja transmitida à descendência e que proporcione uma "vantagem seletiva": os que a carregam têm mais descendentes. Nesse caso, a novidade poderá se tornar mais frequente e chegar a se espalhar de forma relativamente rápida: em alguns milênios! Se essas novidades genéticas não proporcionarem nenhuma vantagem, elas também podem se tornar mais frequentes devido ao acaso, mas nesse caso levarão centenas de milhares de anos para se disseminar. Por fim, uma característica que diminua as chances de reprodução de seu portador acabará desaparecendo.

Nesse sentido, o "homem do futuro" costuma ser imaginado em termos de características perdidas por não serem mais utilizadas, a ponto de poderem ser removidas. Digamos, por exemplo, que uma moda surgida entre certas mulheres norte-americanas desejosas de usar sapatos finos e de saltos muito altos aconselhe a remoção do dedo mínimo do pé. Poderíamos imaginar, então, o homem do futuro sem o dedo mínimo do pé, pois podemos viver sem ele, embora tenha um papel na estabilização do pé.

Para que esse apêndice desaparecesse, seria preciso conceber dois cenários. No primeiro, seria realmente desvantajoso tê-lo, pois ele levaria à diminuição da descendência da população, que sistematicamente usaria sapatos muito apertados! Cenário absurdo. No segundo, deixando de ser útil, e com o acúmulo das mutações genéticas que o determinariam, seu desenvolvimento diminuiria ao longo das gerações, até desaparecer. Para isso, porém, seria preciso que se tornasse inútil para quase toda a humanidade, e não apenas para algumas ricas senhoras norte-americanas. E a humanidade é tão numerosa que isso levaria um tempo considerável. Assim, apesar da pouca utilidade do dedo mínimo do pé, o Homem do futuro não o perderá.

Previsões possíveis e impossíveis

Em contrapartida, conhecemos melhor o cenário da evolução no âmbito da estatura. Essa característica é variável, transmitida geneticamente, e ser alto parece conferir uma vantagem seletiva: as pessoas altas têm uma descendência mais numerosa. Aliás, numa escala de milhões de anos, a estatura de nossa espécie aumentou. Ela diminuiu no Neolítico e na Idade Média, mas hoje recuperamos nossa altura de dezenas de milhares de anos atrás, e chegamos inclusive a ultrapassá-la. Assim, essa característica muda devido à seleção natural e ao ambiente, inclusive o cultural, em que vivemos.

É provável que o Homem do futuro seja em média mais alto do que hoje. Mas ele será dotado de cabeça grande, de olhos grandes, de dedos compridos e finos, ágeis no teclado, ou de pernas pequenas? Ele se tornará mais inteligente? Na verdade, não podemos prever a evolução com certeza. Como serão nossos longínquos descendentes depende em grande parte de como serão os ambientes do futuro, sejam eles artificiais, isto é, controlados, ou não controlados. A evolução é feita de acasos e contingências (ausência de necessidade), que por definição são imprevisíveis. Não sabemos o que será selecionado ou não no futuro e, portanto, é impossível dizer como seremos, seja dentro de alguns séculos, seja dentro de várias centenas de milhares de anos.

Alain Froment, Évelyne Heyer e Guillaume Lecointre

Devemos escolher nossos embriões?

Todo embrião concebido in vitro *pode ser examinado em função de diversas características genéticas. A tentação de selecionar os "melhores embriões" é uma realidade.*

Antigamente, protegido dentro do útero materno, o embrião humano era invisível, intocável. O desenvolvimento dos diagnósticos por imagens e, principalmente, a prática da reprodução medicamente assistida (RMA) a partir da década de 1980 tornaram o embrião não apenas visível por microscópio como manipulável fora do corpo da mulher, *in vitro*.

Da FIV ao DGPI

Para que uma fecundação *in vitro* (FIV) possa resultar em um recém-nascido, o embriologista precisa escolher os embriões aparentemente saudáveis e transferi-los para o útero da mulher. Mas todos os embriões se parecem. Alguns se desenvolverão até levar ao nascimento do bebê, outros ficarão pelo caminho. Progressivamente, os critérios de identificação dos embriões com alto potencial de desenvolvimento foram aprimorados, a fim de só se fazer a transferência dos mais aptos e de diminuir as gestações múltiplas.

Paralelamente, a FIV, criada a princípio para certos casos de esterilidade, se ampliou aos casais com riscos de transmitir doenças genéticas, graças à técnica do diagnóstico genético pré-implantação (DGPI), lançado em 1990 pelo grupo de Alan Handyside, em Londres.

Polêmicas em torno do DGPI

Desde o início, o DGPI suscitou controvérsias. Podemos escolher, selecionar, fazer uma "triagem de embriões" (as palavras não são anódinas, pois têm um sentido favorável ou não a essas práticas)? Não seria o mesmo que se atribuir um poder superior ao do ser humano? Os defensores do DGPI respondem: por que não evitar sofrimentos pessoais e familiares, se podemos agir na fonte e prevenir catástrofes?

Certo, respondem os opositores: mas então o que nos impediria de verificar a normalidade cromossômica de todos os embriões, independente do risco genético conhecido de seus progenitores? A medicina é, essencialmente, uma modificação das leis naturais, replicam os defensores do DGPI: se houver uma anomalia cromossômica do feto, não seria melhor sabê-lo antes da implantação, em vez de ao longo da gravidez, o que eventualmente poderia exigir um aborto, ou mesmo um nascimento com todos os dramas implicados?

Do DGPI ao "screening" embrionário

Hoje, o DGPI evoluiu para um "screening" genético: não se busca uma anomalia específica no embrião, verifica-se a normalidade de todos os seus cromossomos. Esse diagnóstico permite a não transferência ou o congelamento de embriões com defeitos genéticos. A técnica é autorizada e praticada em vários países, mas não na França, onde continua sendo considerada, com razão, discriminatória. De fato, existe a possibilidade de que o embrião seja selecionado sem que haja critérios médicos em jogo. Isso pode levar a excessos, como a escolha do sexo por análise da presença dos cromossomos X ou Y, ou previsões arriscadas sobre algum risco patológico.

Como podemos ver, a ampliação das possibilidades de escolha do embrião leva a uma reflexão ética que não se refere mais ao "como fazer" mas ao "por que fazer". A liberdade total se opõe a uma liberdade ponderada em função de objetivos. Estes, para mim e muitos outros, devem respeitar os princípios fundamentais da dignidade humana: a não comercialização, a não sujeição e a não utilização do outro (barriga de aluguel), e a não seleção de crianças com características ligadas a nossos próprios desejos.

René Frydman

O Homem de amanhã será um homem aumentado?

Utilizadas para suprir deficiências, certas técnicas também podem aumentar as capacidades físicas ou cerebrais do indivíduo. Desvios são possíveis?

"Uma prótese da mão devolve o sentido do tato a um paciente amputado"; "Um homem que teve os braços amputados pôde comandar próteses com o pensamento" – duas manchetes que há pouco tempo pareceriam ficção científica. No entanto, foi o que conseguiram fazer, em 2013, primeiro um paciente em Roma equipado de uma mão biônica ligada a seus nervos e, depois, um outro em Baltimore, graças a uma neuroprótese implantada em seu córtex. Aparelhos como esses podem restituir parcialmente a motricidade graças a mãos ou braços artificiais. A longo prazo, tetraplégicos também poderiam se beneficiar.

Do homem restaurado ao homem aumentado

Mas a diferença entre o homem assim "restaurado" e o homem "aumentado" pode se tornar cada vez menos nítida, como por exemplo no mundo do esporte de alto desempenho. Atletas privados de seus membros inferiores puderam se comparar a atletas em plena forma graças a próteses de fibra de carbono. Mas essas próteses poderiam ser modificadas de maneira a melhorar o desempenho do atleta aparelhado.

A utilização de substâncias ilícitas ou de medicamentos psicoestimulantes para "dopar" as capacidades cerebrais ou físicas não é novidade. Mas as técnicas de melhoramento ou aumento estão à disposição dos indivíduos saudáveis, como óculos que dão acesso a uma realidade aumentada, ou ainda "exoesqueletos" utilizados em operações militares. As técnicas de neuroestimulação, inicialmente desenvolvidas para o tratamento de estados patogênicos, hoje são oferecidas ao público com a promessa de melhorar o desempenho cognitivo e o estado emocional, ou ainda de controlar e modificar sua própria atividade cerebral.

Caminhamos no sentido de um domínio da evolução da espécie humana?

Nos Estados Unidos, as gigantes da tecnologia têm os meios necessários para o processamento dos bilhões de dados implicados nessa nova indústria. Os responsáveis por essas pesquisas contam com a convergência da nanotecnologia, da biotecnologia, da tecnologia da informação e das ciências cognitivas (NBIC) para levar a progressos científicos consideráveis no conhecimento do homem e de seu cérebro, e para conseguir vencer a doença, deter o processo de envelhecimento e prolongar a vida.

Seus objetivos são parecidos com os do "trans-humanismo", corrente de pensamento que surgiu nos Estados Unidos na década de 1980. Os trans-humanistas reivindicam o direito de todo cidadão de utilizar os avanços tecnológicos para aumentar suas capacidades físicas, cerebrais ou reprodutivas, e para decidir as modificações desejadas em seu cérebro, seu DNA ou seu corpo. Eles acreditam que, graças ao poder das novas tecnologias, os seres humanos poderão controlar sua própria evolução e conduzi-la a um estado mais aperfeiçoado.

Quais as questões éticas envolvidas?

Mas onde colocar limites para a utilização dessas técnicas, para que a espécie humana não se separe completamente da natureza? Como evitar o sentimento de desvalorização daqueles que não conseguirem se adaptar a desempenhos cada vez maiores? A normalidade de hoje se tornará a deficiência de amanhã? Quem decidirá o grau de aperfeiçoamento desejável para cada um? Este será imposto desde o nascimento ou desde a infância? O financiamento dessas tecnologias ocorrerá em detrimento da educação, da alimentação, da saúde, já muito desigualmente distribuídas pelo planeta? O abismo entre os indivíduos que terão meios de aperfeiçoar suas capacidades e os demais aumentará cada vez mais? É importante tentar responder a essas perguntas o mais rapidamente possível.

Danièle Siroux

Anexos

Bibliografia

"O macaco é um Homem como os outros?"
Exposição "Sur la piste des grands singes", Museu Nacional de História Natural, Paris, até 21 de março 2016.
KRIEF, J.-M.; KRIEF, S. *Les Chimpanzés des Monts de la Lune*. Paris: Éditions Belin/Muséum national d'histoire naturelle, 2014.
"Les grands singes", *Science & Vie Hors-série*, n. 270, mar. 2015.

"O Homem é uma espécie evoluída como outra qualquer?"
LECOINTRE, G.; LE GUYADER, H. *Classification phylogénétique du vivant*. Paris: Éditions Belin, 2013. *Espèces d'espèces*, DVD dirigido por D. van Waerebeke, LCJ éditions, 2009.

"Como categorizar os seres vivos e datar os órgãos?"
LECOINTRE, G. "Récit de l'histoire de la vie ou de l'utilisation du récit", in HEAMS, T.; HUNEMAN, P.; LECOINTRE, G.; SILBERSTEIN, M. (Org.). *Les Mondes darwiniens. L'évolution de l'évolution*. Paris: Les Éditions Matériologiques, 2011, p. 601-636.

"Por que o parto é tão perigoso?"
La Mortalité maternelle dans le monde, ficha pedagógica do Instituto Nacional de Estudos Demográficos. Disponível em: www.ined.fr/fr/tout-savoir-population/memos-demo/fiches-pedagogiques/la-mortalite-maternelle-dans-le-monde/
Relatório do Comité National d'Experts sur la Mortalité Maternelle (CNEMM), 2001-2006, Institut de Veille Sanitaire.

CONSTANS, N. "L'accouchement des néandertaliennes", *La Recherche*, 424 (20): 20, 2008.

"Por que temos um cérebro empático?"
CHANGEUX, J.-P. *Raison et plaisir.* Paris: Odile Jacob, 1994.

"Para que serve a natureza?"
BARBAULT, R. *Au nom du vivant. Plaidoyer pour réconcilier l'homme et la nature.* Paris: Buchet-Chastel, 2014.
BLANDIN, P. *Biodiversité. L'avenir du vivant.* Paris: Albin Michel, 2010.
DORST, J.; BARBAULT, R. *Avant que nature meure; pour une écologie politique. Pour que nature vive.* Paris: Muséum national d'histoire naturelle/Delachaux et Niestlé, 2012.
LARRÈRE, R.; LARRÈRE, C. *Du bon usage de la nature. Pour une philosophie de l'environnement.* Paris: Alto Aubier, 1997.
MARIS, V. *Nature à vendre. Les Limites des services éco-systémiques.* Paris: Éditions Quae, 2014.

"As aves daqui são as mesmas aves de lá?"
BAHUCHET, S. *Les Pygmées Aka et la forêt centrafricaine: ethnologie écologique.* Paris: SELAF, 1985.
Trabalhos (publicados em inglês) de Ralph Bulmer sobre o casuar e o povo karam, e de Douglas Nakashima sobre o pato êider e o povo inuíte das Ilhas Belcher.

"Por que somos diferentes?"
FROMENT, A. *Anatomie impertinente. Le corps humain et l'évolution.* Paris: Odile Jacob, 2013.

"Podemos ver nossas diferenças genéticas?"
MONOD, J. *Le Hasard et la nécessité. Essai sur la philosophie naturelle de la biologie moderne*, 1970.

CAVALLI-SFORZA, L.L. *Gènes, peuples et langues: une histoire de la diversité humaine.* Paris: Odile Jacob, 1996.

GOUYON, P.-H.; ARNOULD, J.; HENRY, J.-P. *Les Avatars du gène: La théorie néodarwinienne de l'évolution.* Paris: Éditions Belin, 1997.

KIMURA, M. *Théorie neutraliste de l'évolution.* Paris: Flammarion, 1983.

BOURGAIN, C.; DARLU, P. *ADN superstar ou superflic? Citoyens face à une molécule envahissante.* Paris: Seuil, 2013.

"Somos todos primos? Os ancestrais que nos unem"

MANRUBIA, S. *et al.* "La généalogie à l'ère de la génomique", *Pour la Science*, n. 46, 2005.

Catálogo da exposição "Tous parents, tous différents", p. 40-43.

"Como as crianças são geradas?"

GODELIER, M. *La Production des grands hommes. Pouvoir et domination masculine chez les Baruya de Nouvelle Guinée.* Paris: Flammarion, 2009 (Coleção Champs).

"Como a morte é experimentada?"

ARIÈS, Ph. *L'Homme devant la mort.* Paris: Seuil, 1977.

GNOLI, G.; VERNANT, J.-P. (Orgs.) *Les Morts dans les sociétés anciennes.* Paris: MSH, 1982.

GODELIER (Org.), M. *La Mort et ses au-delà.* Paris: CNRS Éditions, 2014.

VOVELLE, M. *La Mort en Occident de 1300 à nos jours.* Paris: Gallimard, 1983.

"Os laços de parentesco são os mesmos em toda parte?"

BARRY, L. "Les modes de composition de l'alliance. Le mariage arabe", *L'Homme*, n. 147, 1998, p. 17-50.

GODELIER, M. *Métamorphoses de la parenté.* Paris: Flammarion, 2010 (Coleção Champs).

LÉVI-STRAUSS, C. *Les Structures élémentaires de la parenté*. Paris: PUF, 1949.

"Por que os homens são mais altos do que as mulheres?"

KLEINER, Véronique. *Pourquoi les femmes sont-elles plus petites que les hommes?*, ARTE France – Point du Jour – PICTA Productions – CNRS Images – CNDP, 2013.

BERENI, L.; CHAUVIN, S.; JAUNAIT, A.; REVILLARD, A. *Introduction aux études sur le genre* (2e édition revue et augmentée). Louvain-la-Neuve: De Boeck, 2012.

TOURAILLE, P. *Hommes grands, femmes petites: une évolution coûteuse. Les régimes de genre comme force sélective de l'adaptation biologique*. Paris: Éditions de la Maison des Sciences de l'Homme, 2008.

TOURAILLE, P. "Coûts biologiques d'une petite taille pour les *Homo sapiens* femelles: nouvelles perspectives sur le dimorphisme sexuel de stature", in HEAMS, T.; HUNEMAN, P.; LECOINTRE, G.; SILBERSTEIN, M. (org.) *Les Mondes darwiniens. L'évolution de l'évolution*. Paris: Éditions Matériologiques, 2011.

"Por que os amuletos são eficazes?"

EPELBOIN, A. *et al.* Catálogo multimídia da exposição 2014 IMA Tourcoing "Arts secrets: les écritures talismaniques d'Afrique de l'Ouest", 2014.

"Por que somos os únicos a falar?"

HOMBERT, J.-M. (org.). *Aux origines des langues et du langage*. Paris: Fayard, 2005.

DESSALLES, J.-L.; PICQ, P.; VICTORRI, B. *Les Origines du langage*. Paris: Éditions du Pommier, 2006.

PINKER, S. *L'instinct du langage*. Paris: Odile Jacob, 2013.

"Por que falamos do jeito que falamos?"
BOULA DE MAREÜIL, P. *D'où viennent les accents régionaux?* Paris: Éditions le Pommier, 2010.
CALVET, L.-J. *La Sociolinguistique.* Paris: Presses universitaires de France, 2013.
COMRIE, B.; POLINSKI, M.; MATTHEWS, S. *Atlas des langues.* Paris: Acropole, 2004.

"Por que a música é universal e tão diversificada?"
MÂCHE, F.-B. *Musique au Singulier.* Paris: Odile Jacob, 2001.
NATTIEZ, J.-J. (org.). *Musiques. Une encyclopédie pour le XXIe siècle.* vol. 5 *L'Unité de la musique.* Paris: Actes Sud/Cité de la Musique, 2007.
Arquivos sonoros CNRS – Museu do Homem: http://archives.crem-cnrs.fr/

"O outro, eterno estranho ou objeto de curiosidade?"
LANGANEY, A. *Les Hommes. Passé, présent, conditionnel.* Paris: Armand Colin, 1988.
BLANCKAERT, C. *De la race à l'évolution. Paul Broca et l'anthropologie française.* Paris: L'Harmattan, 2009.
BAUDUER, F. *Éléments d'anthropologie biologique.* Paris: Ellipses, 2013.

"Quem foi o primeiro representante da linhagem humana?"
SENUT, B. "Ancêtres de l'homme ou du singe?", *Dossier Pour la Science*, n. 57, dez. 2007.

"Quem foram os primeiros *Homo*?"
PRAT, S.; MARCHAL, F. (org.). *Les Premiers Représentants du genre* Homo *en Afrique. Guides de la Pré-histoire Mondiale*, vol. 3. Paris: Artcom, 2001.

DUTOUR, O.; HUBLIN, J.-J.; VANDERMEERSCH, B. (org.). *Origine et évolution des populations humaines* (2005). Comité des Travaux Historiques et Scientifiques, 2005.

COPPENS, Y.; PICQ, P. (org.). *Aux origines de l'humanité. De l'apparition de la vie à l'homme moderne.* Paris: Fayard, 2001.

"Como interpretar a impressionante variedade de espécies humanas?"

GRIMAUD-HERVÉ, D.; BAHAIN, J.J.; NESPOULET, R. *Histoire d'ancêtres.* Paris: Errance, 2015.

GRIMAUD-HERVÉ, D.; DÉTROIT, F.; PIGEAUD, R. *Les Origines de l'Homme: tout ce qu'on sait et comment on le sait*, 2015. Ver htpp://ecole-vivante.com

TURQ, A.; DESPRIÉE, J.; AIRVAUX, J.; TEXIER, P.-J.; MAUREILLE, B. (org.), *La Conquête de l'Ouest: il y a un million d'années en Europe.* Paris: Maison de l'Histoire de France e Muséum national de Préhistoire, 2012.

BEAUNE DE, S.; BALZEAU, A. *Chronique de l'Homme de la Préhistoire.* Paris: Éditions Chronique CNRS, 2009.

MAUREILLE, B. *Les Origines de la culture: les premières sépultures.* Paris: Le Pommier / Cité des sciences et de l'industrie, 2013.

"As primeiras ferramentas: quando, onde, quem?"

ROCHE, H.; PICQ, P. *Les Premiers Outils.* Paris: Le Pommier, 2013.

BEAUNE, S. de (org.) *L'homme et l'outil. L'invention technique durant la Préhistoire.* Paris: CNRS Éditions, 2008 (coleção Le Passé Recomposé).

GRIMAUD-HERVÉ, D. et al., *Histoires d'ancêtres: La grande aventure de la Préhistoire.* Paris: Errance, 2005 (coleção Artcom).

"Quem foi o primeiro a sair da África?"

COLLINA-GIRARD, J. *Le Feu avant les allumettes: expérimentation et mythes techniques.* Paris: Éditions de la Maison des Sciences de l'Homme, 1998.

LUMLEY, H. de. "Il y a 400000 ans: la domestication du feu, un formidable moteur d'hominisation", *Comptes Rendus Palevol*, 5, 2006, p. 149-154.

PERLÈS, C. *Préhistoire du feu*. Paris: Masson, 1977.

"Neandertal: mais ou menos inteligente do que o *sapiens*?"

ARSUAGA, J.L. *Le Collier de Néandertal: nos ancêtres à l'ère glaciaire*. Paris: Odile Jacob, 2001.

HUBLIN, J.-J. *Quand d'autres hommes peuplaient la Terre: nouveaux regards sur nos origines*. Paris: Flammarion, 2011 (coleção Champs).

JAUBERT, J. et al., "Early Neandertal Constructions Deep in Bruniquel Cave in Southwestern France", *Nature*, 2016.

MAUREILLE, B. *Qu'est-il arrivé à l'homme de Néandertal?* Paris: Le Pommier, 2008.

PATOU-MATHIS, M. *Néanderthal, une autre Humanité*. Paris: Perrin, 2010 (coleção Tempus).

TRINKAUS, E.; SHIPMAN, P. *Les hommes de Néandertal*. Paris: Seuil, 1996 (coleção Science Ouverte).

"Como os pesquisadores fazem para calcular o tempo?"

FALGUÈRES, C.; BAHAIN, J.-J. *Dater le passé*. Paris: Errance, 2015 (coleção Guide de la préhistoire mondiale).

GRIMAUD-HERVÉ, D.; SERRE, F.; BAHAIN, J.-J.; NESPOULET, R. *Histoire d'ancêtres*, Errance, 2005 (coleção Guide de la préhistoire mondiale).

SÉMAH, F.; BAHUCHET, S.; HEYER, E.; GRIMAUD-HERVÉ, D.; CAZALAS, Z. "L'Homme à la visite de son temps, de ses espaces et de sa vie: introduire le temps de la pré- histoire dans un nouveau Musée de l'Homme", *in* HUREL, A.; COYE, N. (org.). *Dans l'épaisseur du temps, Archéologues et géologues inventent la préhistoire*. Paris: Muséum national d'histoire naturelle, 2011, p. 382-403.

"Quem foi o primeiro *Homo sapiens*?"

Dossiers d'archéologie, *"Homo sapiens. À la recherche de nos origines"*, n. 351, mai.-jun. 2012.

Espèces d'espèces, DVD dirigido por D. van Waerebeke. LCJ éditions, 2009.

BALZEAU, Antoine; BEAUNE, Sophie de. *Notre préhistoire*. Paris: Belin, 2016.

BALZEAU, Antoine; ROUDIER, Emmanuel. *Qui était Néandertal? L'enquête illustrée*. Paris: Belin, 2015.

"O *Homo sapiens* e a conquista do mundo: quando, como, por quê?"

GRIMAUD-HERVÉ, D.; DÉTROIT, F.; PIGEAUD R. *Les Origines de l'Homme. Tout ce qu'on sait et comment on le sait*. Paris: La Martinière Jeunesse, 2005.

Dossiers d'archéologie, *"Homo sapiens. À la recherche de nos origines"*, n. 351, mai.-jun. 2012.

GOULD, S. J. *La Mal-mesure de l'homme*, Odile Jacob, 1997.

BEAUNE, S. de; BALZEAU, A. *La Préhistoire: chronique de l'homme*. Paris: Éditions Chronique/CNRS Éditions, 2009.

"O Homem é violento desde sempre?"

GUILAINE, J.; ZAMMIT, J. *Le Sentier de la guerre. Visages de la violence préhistorique*. Paris: Seuil, 2001.

PATOU-MATHIS, M. *Préhistoire de la violence et de la guerre*. Paris: Odile Jacob, 2013.

PINCAS, E. *Qui a tué Neandertal? Enquête sur la disparition la plus fascinante de l'histoire de l'humanité*. Paris: Michalon, 2014 (coleção Document).

"A arte pré-histórica só representava animais?"

PAILLET, P. *Les Arts préhistoriques*. Rennes: Éditions Ouest-France, 2007.

VIALOU, D. *Au cœur de la Préhistoire. Chasseurs et artistes*. Paris: Gallimard, 2006 (coleção Découvertes).

"O QUE DIZEM OS ESQUELETOS NEOLÍTICOS SOBRE O CORPO E A SAÚDE DOS PRIMEIROS AGRICULTORES?"

GUILAINE, J. (org.). *Populations néolithiques et environnements*. Paris: Errance, 2005.

TARRÊTE, J.; LE ROUX, C.-T. (org.). *Archéologie de la France: Le Néolithique*. Paris: Picard, 2008.

GUILAINE, J.; ZAMMIT, J. *Le Sentier de la guerre. Visages de la violence préhistorique*. Paris: Seuil, 2001.

"COMO NOS TORNAMOS AGRICULTORES-CRIADORES?"

GUILAINE, J. *De la vague à la tombe: la conquête néolithique de la Méditerranée, 8000-2000 av. J.-C.* Paris: Seuil, 2003.

DEMOULE, J.-P. *La Révolution néolithique dans le monde*. Paris: CNRS Éditions, 2009.

"O QUE SÃO ANIMAIS OU PLANTAS DOMÉSTICOS?"

VIGNE, J.-D. "Domestication (origines de la)", in POULAIN, Jean-Pierre (org.). *Dictionnaire des cultures alimentaires*. Paris: Presses universitaires de France, 2012.

VIGNE, J.-D. *Les Débuts de l'élevage*. Paris: Le Pommier/Cité des Sciences, 2012.

"POR QUE NÃO SOMOS MAIS CAÇADORES-COLETORES?"

VIGNE, J.-D. "Domestication (origines de la)", in POULAIN, Jean-Pierre (org.). *Dictionnaire des cultures alimentaires*. Paris: Presses universitaires de France, 2012.

CAUVIN, J. *Naissance des divinités, naissance de l'agriculture*. Paris: CNRS Éditions, 1997.

"AS ALDEIAS DO NEOLÍTICO INVENTARAM O PODER E A DOMINAÇÃO?"

GUILAINE, J. *La Seconde Naissance de l'homme: le Néolithique*. Paris: Odile Jacob, 2015.

"Lucy caminhava como nós?"
SENUT, B. *Et le singe se mit debout...* Paris: Albin Michel, 2008.
ALTER, A.; SENUT, B. *Qui sont nos ancêtres?* Paris: Le Pommier, 2015.

"Como saber para que serviam as ferramentas pré-históricas?"
MONCEL, M-H.; BOREL, A.; DE LOMBERA, A.; SALA, R.; DENIAUX, B. "Quartz et quartzite dans le site de Payre (MIS 7 et 5, Ardèche, France): données techno-économiques sur la gestion de roches locales au Paléolithique moyen", *Palevol* 7, 2008, p. 441-451.
MONCEL, M-H.; CHACON NAVARRO, M. G.; COUDENEAU, A.; FERNANDES, P. Points and convergent edges in the Early European Middle Paleolithic site of Payre (SE, France)", *Journal of Archaeological Science*, 36, 2009, p. 1892-1909.
HARDY, B.L.; MONCEL, M-H.; DAUJEARD, C.; FERNANDES, P.; BÉAREZ, P.; DESCLAUX, E.; CHACON NAVARRO, M.G.; PUAUD, S.; GALLOTTI, R. "Impossible Neanderthals? Making string, throwing projectiles and catching small game during Marine Isotope Stage 4 (Abri du Maras, France)", *Quaternary Science Review*, 82, 2013, p. 23-40.
BOREL, A.; GAILLARD, C.; MONCEL, M-H.; SALA, R.; POUYDEBAT, E.; SÉMAH, F. "Forms and functions of the early Holocene lithic 1 industry of anatomically modern human in Song Terus (Indonesia), crossing the domains", *Journal of Anthropological Archaeology*, 32, 2013, p. 630-646.

"Como analisar os achados arqueológicos?"
BALZEAU, A. "Imagerie par tomographie RX", *in* BALASSE, M.; BRUGAL, J.-P.; DAUPHIN, Y.; GEIGL, E.-M.; OBERLIN, C.; REICHE, I. (org.). *Messages d'os: Archéométrie du squelette animal et humain.* Paris: Éditions des Archives Contemporaines, 2015 (coleção Sciences Archéologiques).

POUPEAU, G.; LE BOURDONNEC, F.-X.; BELLOT-GURLET, L. "Caractérisation et circulation de l'obsidienne", in *Circulation et provenance des matériaux dans les sociétés anciennes*. Paris: Éditions des Archives contemporaines, 2014.

"Como chegamos a esse mundo globalizado e antropizado?"
GRATALOUP, C. *Géohistoire de la mondialisation*. Paris: Armand Colin, 2015.

"Por que Cristóvão Colombo não descobriu a América?"
VIALOU, D. (org.), *Peuplements et préhistoire en Amériques*. Paris: Comité des travaux historiques et scientifiques, 2011.
LAVALLÉE, D. *Promesse d'Amérique. Pré-histoire de l'Amérique du Sud*. Paris: Hachette, 1995.

"Existe uma natureza virgem?"
BLANDIN, P. *De la protection de la nature au pilotage de la biodiversité*. Paris: Éditions Quae, 2009.
FRESSOZ, J.-B. et al. *Introduction à l'histoire environnementale*. Paris: La Découverte, 2014.
LENOBLE, R. *Histoire de l'idée de nature*. Paris: Albin Michel, 1969.

"Sete bilhões de seres humanos hoje, quantos amanhã?"
ONU, World Population Prospects: the 2012 Revision, 2013. Disponível em: <http://esa.un.org/unpd/wpp/index.htm>
PISON, Gilles. *La Démographie mondiale*. Paris: Rue des Écoles, 2015.

"O que é uma pegada ambiental?"
COUVET, D.; TEYSSÈDRE, A. *Écologie et Biodiversité*. Paris: Éditions Belin, 2010.
WACKERNAGEL, M.; REES, W. *Notre empreinte écologique*. Paris: Les Éditions Écosociété, 1999.

"Por que as atividades humanas levam ao desaparecimento das espécies?"

BARBAULT, R. *Un éléphant dans un jeu de quilles. L'Homme dans la biodiversité*. Paris: Seuil, 2006 (coleção Science Ouverte).

BŒUF, G. "Que retenir des grandes crises?", in *Doc Sciences*, CRPD/Académie de Versailles/Musée national de l'Histoire naturelle, 16, 2, 2013, p. 16-25.

BŒUF, G. *Biodiversité, de l'océan à la cité*. Leçons inaugurales du Collège de France, 241. Paris: Collège de France/Fayard, 2014.

"O Homo turisticus é um benfeitor?"

BOULAY, R. *Kannibals et Vahinés. Imagerie des mers du Sud*. Paris: Édition de l'Aube, 2000.

COIFFIER, C. *Le Voyage de La Korrigane dans les mers du Sud*. Paris: Hazan/Muséum national de l'Histoire naturelle, 2001.

HEIMANN, J. (org.). *Hula. Vintage Hawaiian Graphics*. Colônia: Taschen. 2003.

"A expansão de nossos modos de vida chegou ao limite?"

TOUSSAINT, J.-F.; SWYNGHEDAUW, B.; BŒUF, G. *L'Homme peut-il s'adapter à lui-même?* Paris: Éditions Quae, 2012.

TOUSSAINT, J.-F.; SWYNGHEDAUW, B.; BŒUF, G. *L'Homme peut-il accepter ses limites?* Paris: Éditions Quae, 2017.

FOGEL, R. *The Escape From Premature Death and Hunger*. Cambridge: Cambridge University Press, 2003.

"Somos todos mestiços?"

BONNIOL, J.-L. *La Couleur comme maléfice*. Paris: Albin Michel, 1992.

CAVALLI-SFORZA, L. *Une histoire de la diversité humaine*. Paris: Odile Jacob, 2005.

Immigrés et descendants d'immigrés en France, INSEE, 2012 (coleção Références).

"Devemos intensificar a agricultura ou passar para a agroecologia?"
DE SCHUTTER, O. *Le Droit à l'alimentation, facteur de changement*. Relatório submetido à 25ª sessão do Conselho dos Diretos do Homem da ONU, 2014. Disponível em: <http://www.srfood.org/fr/rapports-officiels>
DORÉ, T.; RÉCHAUCHÈRE, O. *La Question agricole mondiale. Enjeux économiques, sociaux et environnementaux*. Paris: La Documentation française, 2010.

"Desenvolvimento sustentável ou desenvolvimento humano?"
SEN, A. *L'Idée de justice*. Paris: Payot, 2009.
NUSSBAUM, M. C. *Capabilités – Comment créer les conditions d'un monde plus juste*. Paris: Flammarion, 2011.

"Como seremos (ou não) no futuro?"
LECOINTRE G. (org.), *Guide critique de l'évolution*. Paris: Éditions Belin, 2009.
LECOINTRE G. *L'Évolution, question d'actualité?* Paris: Éditions Quae/Muséum national de l'Histoire naturelle, 2014.

"O Homem de amanhã será um homem aumentado?"
France 2, programa *Infrarouge* de 11/06/2013, documentário "Un homme presque parfait", de Cécile Dejean, disponível na Internet.
Sciences et Avenir, n. 814, Dossiê "High-tech", p. 36 s., dez. 2014.
ALEXANDRE, L. *La Mort de la mort*. Paris: J.-C. Lattès, 2011.
HOTTOIS, G.; MISSA, J.-N.; PERBAL, L. (org.). *Encyclopédie du trans/posthumanisme*. Paris: Vrin, 2015.

Os autores

Serge Bahuchet, etnoecologista, professor do Museu Nacional de História Natural, laboratório de ecoantropologia e etnobiologia (CNRS/MNHN/Université Paris Diderot).
Antoine Balzeau, paleoantropólogo, pesquisador do CNRS, laboratório de história natural do homem pré-histórico (CNRS/MNHN/Université de Perpignan).
Gilles Bœuf, biólogo, professor na Université Pierre-et--Marie-Curie, presidente do Museu Nacional de História Natural.
Céline Bon, paleogeneticista, professora do Museu Nacional de História Natural, laboratório de ecoantropologia e etnobiologia (CNRS/MNHN/Université Paris Diderot).
Raphaëlle Chaix, geneticista das populações humanas, pesquisadora do CNRS, laboratório de ecoantropologia e etnobiologia (CNRS/MNHN/ Université Paris Diderot).
Christian Coiffier, etnólogo, pesquisador ligado ao MNHN.
Yves Coppens, paleoantropólogo, professor emérito do Collège de France (cátedra de Paleoantropologia e Pré-história) depois de ter sido professor no Museu Nacional de História Natural, membro do Instituto (Academia de Ciências) e membro da Academia Nacional de Medicina.
Denis Couvet, ecólogo, professor do Museu Nacional de História Natural, Centre des Sciences de la Conservation (CNRS/MNHN/UPMC).
Florent Détroit, paleoantropólogo, professor do Museu Nacional de História Natural, laboratório de história natural do homem pré-histórico (CNRS/MNHN/Université de Perpignan).
Richard Dumez, etnoecólogo, professor do Museu Nacional de História Natural, laboratório de ecoantropologia e etnobiologia (CNRS/ MNHN/Université Paris Diderot).

Alain Epelboin, médico antropólogo, cinegrafista, pesquisador do CNRS, laboratório de ecoantropologia e etnobiologia (CNRS/MNHN/ Université Paris Diderot).

Martin Friess, antropobiólogo e paleoantropólogo, professor do Museu Nacional de História Natural, laboratório de ecoantropologia e etnobiologia (CNRS/MNHN/Université Paris Diderot).

Alain Froment, médico e antropólogo, diretor de pesquisa no Institut de Recherche pour le Développement (IRD).

René Frydman, médico, professor emérito de medicina da reprodução, Hospital Necker, Paris, e Hospital Foch, Suresnes.

Claire Gaillard, arqueóloga, pesquisadora do CNRS, laboratório de história natural do homem pré-histórico (CNRS/MNHN/Université de Perpignan).

Manon Galland, paleoantropóloga, pós-doutoranda na UCD Dublin, School of Archeology, pesquisadora associada ao Museu Nacional de História Natural, laboratório de ecoantropologia e etnobiologia (CNRS/MNHN/Université Paris Diderot).

Maurice Godelier, antropólogo, orientador na EHESS.

Christian Grataloup, geo-historiador, professor na Université Paris Diderot e na Sciences Po Paris.

Dominique Grimaud-Hervé, paleoantropóloga, professora do Museu Nacional de História Natural, laboratório de história natural do homem pré-histórico (CNRS/MNHN/Université de Perpignan).

Jean Guilaine, arqueólogo pré-historiador, professor do Collège de France, orientador na EHESS.

Évelyne Heyer, antropogeneticista, professora do Museu Nacional de História Natural, laboratório de ecoantropologia e etnobiologia (CNRS/MNHN/Université Paris Diderot).

Sabrina Krief, veterinária e primatóloga, professora do Museu Nacional de História Natural, laboratório de ecoantropologia e etnobiologia (CNRS/MNHN/Université Paris Diderot).

Matthieu Lebon, arqueometrista, professor do Museu Nacional de História Natural, laboratório de história natural do homem pré-histórico (CNRS/MNHN/Université de Perpignan).

Sylvie Le Bomin, etnomusicóloga, professora do Museu Nacional de História Natural, laboratório de ecoantropologia e etnobiologia (CNRS/MNHN/Université Paris Diderot).

Hervé Le Bras, demógrafo, orientador na EHESS, diretor de pesquisa emérito no Institut d'Études Démographiques (INED).

Guillaume Lecointre, pesquisador em sistemática, professor do Museu Nacional de História Natural, Institut de Systématique, Évolution, Biodiversité (CNRS/MNHN/ UPMC/EPHE).

Pierre-Marie Lledo, neurobiólogo, diretor de pesquisa do CNRS, laboratório "Gènes, Synapses et Cognition" (CNRS/Institut Pasteur).

Franz Manni, geneticista das populações humanas, professor do Museu Nacional de História Natural, laboratório de ecoantropologia e etnobiologia (CNRS/MNHN/Université Paris Diderot).

François Marchal, paleoantropólogo, pesquisador do CNRS, laboratório "Anthropologie bioculturelle, droit, éthique et santé" (CNRS/Aix-Marseille Université/EFS).

Marie-France Mifune, etnomusicóloga, pesquisadora associada ao Museu Nacional de História Natural, laboratório de ecoantropologia e etnobiologia (CNRS/MNHN/Université Paris Diderot).

Marie-Hélène Moncel, pré-historiadora, diretora de pesquisa no CNRS, laboratório de história natural do homem pré-histórico (CNRS/MNHN/Université de Perpignan).

Roland Nespoulet, pré-historiador, professor do Museu Nacional de História Natural, laboratório de história natural do homem pré-histórico (CNRS/MNHN/Université de Perpignan).

Patrick Paillet, pré-historiador, professor do Museu Nacional de História Natural, laboratório de história natural do homem pré-histórico (CNRS/MNHN/Université de Perpignan).

Marylène Patou-Mathis, pré-historiadora-zooarqueóloga, diretora de pesquisa no CNRS, laboratório de história natural do homem pré-histórico (CNRS/MNHN/Université de Perpignan).

Samuel Pavard, biodemógrafo, professor do Museu Nacional de História Natural, laboratório de ecoantropologia e etnobiologia (CNRS/MNHN/Université Paris Diderot).

André Pichot, pesquisador do CNRS em epistemologia e história da ciência.

Gilles Pison, demógrafo, professor do Museu Nacional de História Natural, laboratório de ecoantropologia e etnobiologia (CNRS/MNHN/Université Paris Diderot) e pesquisador associado ao Institut National d'Études Démographiques.

David Pleurdeau, pré-historiador, professor do Museu Nacional de História Natural, laboratório de história natural do homem pré-histórico (CNRS/MNHN/Université de Perpignan).

Sandrine Prat, paleoantropóloga, pesquisadora do CNRS, laboratório de dinâmica da evolução humana.

Laure Ségurel, geneticista das populações humanas, pesquisadora do CNRS, laboratório de ecoantropologia e etnobiologia (CNRS/MNHN/Université Paris Diderot).

François Sémah, geólogo e pré-historiador, professor do Museu Nacional de História Natural, laboratório de história natural do homem pré-histórico (CNRS/MNHN/Université de Perpignan).

Brigitte Senut, paleontóloga, professora do Museu Nacional de História Natural, centro de pesquisa sobre a paleobiodiversidade e os paleoambientes (CNRS/MNHN/UPMC).

Danièle Siroux, jurista, antigo membro do centro de pesquisa "Sens, éthique, société" (CNRS/Université Paris Descartes), antigo membro do Comité Consultatif National d'Éthique.

Aline Thomas, arqueoantropóloga, professora do Museu Nacional de História Natural, laboratório de ecoantropologia e etnobiologia (CNRS/MNHN/Université Paris Diderot).

Priscille Touraille, sócioantropóloga, pesquisadora do CNRS, laboratório de ecoantropologia e etnobiologia (CNRS/MNHN/Université Paris Diderot).

Jean-François Toussaint, médico fisiologista, professor da Université Paris Descartes e do Institut de Recherche Biomédicale et d'Épidémiologie du Sport (INSERM/Université Paris Descartes).

Paul Verdu, geneticista das populações humanas, pesquisador do CNRS, laboratório de ecoantropologia e etnobiologia (CNRS/MNHN/Université Paris Diderot).

Denis Vialou, pré-historiador, professor emérito do Museu Nacional de História Natural, laboratório de história natural do homem pré-histórico (CNRS/MNHN/Université de Perpignan).

Bernard Victorri, linguista e cientista da computação, antigo diretor de pesquisa do CNRS, laboratório "Langues, textes, traitements informatiques, cognition" (CNRS/ ENS/Université Sorbonne Nouvelle/ILF/INSHS).

Jean-Denis Vigne, zooarqueólogo, diretor de pesquisa do CNRS, laboratório Archéozoologie et d'Archéobotanique: Sociétés, Pratiques et Environnements (CNRS/MNHN).

Índice remissivo

abstração 122, 145
achados arqueológicos 174
aculturação 151
adaptação 29, 32, 38, 40, 95, 98, 101, 119, 155, 199
adubo 205
agricultor 32, 126, 146, 149, 152, 163, 206
agricultura 32, 149, 150, 153, 156, 158, 177, 182-183, 189, 205-207
agroecologia 205
aldeia 59
alimentação 36, 40, 43, 49, 51, 98-99, 120, 183, 212, 220
alma 55, 57-59, 61, 86-87
ancestral 45-47, 55, 58, 60, 91, 93, 102, 129, 136, 143, 161, 204
Antiguidade 60, 86, 160
antropoceno 193
arborícola 16, 162
ardipiteco 93
arte 143-145, 176
arte pré-histórica 143-145
arte rupestre 144, 176
árvores genealógicas 46
australopiteco 105, 111
Australopithecus garhi 111

bestiário 143-144
biface 102
biocapacidade 190-191
biocultural 52
biodiversidade 32, 85, 101, 103, 177, 190, 208, 210
biomassa 189-190
bípede 15, 86, 91-93, 161, 163
bipedia 16, 26, 86, 91, 93-94
bonobo 15-16, 75

caça 80-81, 120, 140, 142-144, 146, 149, 150, 153-154, 160, 164, 166, 182-183, 194
caçadores-coletores 32, 146, 151-152, 155
campo magnético 127-128
canal pélvico 26-27
canibalismo 140
cárie 147
carne 54, 55, 57, 78, 110-111, 120, 150, 152, 154, 165, 207
carnívoro 99
casais mistos 202, 204
casamento 65-66, 80
cerâmica 150-151
cérebro 21, 24, 26-31, 86-87, 91, 98-101, 103, 117, 129, 219
cerume 43
cevada 120, 150, 153
chimpanzé 15-17, 86, 91-92, 168
classificação 22-23, 35, 87, 104, 151

clima 39-40, 95, 126-127, 151, 155-156, 194, 206
códigos linguísticos 77
comportamento 15, 16, 23, 29, 84, 98, 119, 122, 141, 144, 158, 161
crânio 24-26, 28, 84, 87, 97, 100, 105, 125, 129, 131, 138
crescimento 17, 28, 30, 36, 102, 147, 156, 158, 177, 182-183, 185-189, 199, 201, 212
crescimento demográfico 17, 147, 177, 185, 188, 199
criação de animais 149, 155, 158, 182
cristianismo 57, 60
Cro-Magnon 82, 125

defunto 54, 56, 59-61
demografia 11, 99, 201
desenvolvimento sustentável 208
desmatamento 194, 205-206
diagnóstico genético pré-implantação 215
dialeto 77-78
diferenças físicas 38-39, 85
diferencialismo 85
diversidade genética 41-42, 44, 52-53, 125
DNA 23, 41-44, 48-49, 123-124, 137, 139, 167-169, 173, 201, 219
domesticação 149, 151-153, 192

ecossistema 33, 50, 182-184, 190, 194, 205-206, 209
efeito estufa 190-191, 193, 198, 205, 207

embrião 29, 49, 54, 215-217
empatia 15, 17, 30-31
enzima 51
escavação 171-173
esqueleto 26, 39, 93, 97, 105, 115, 117, 124-125, 140, 146-147, 161, 174, 212
evolução 13, 18-20, 22, 26-27, 40, 51-53, 68, 75, 82, 87, 89, 102, 104, 117, 126-127, 136, 146, 149, 151, 156, 160, 172, 175, 192, 195, 197, 199, 212, 214, 219
extinção 153, 185, 187, 193

fecundação in vitro 215
fecundidade 185, 187, 204
fêmur 24, 91-92, 117, 141, 161
ferramentas pré-históricas 164, 174
feto 50, 54-57, 125, 216
fogo 112-113, 119, 141, 180, 183, 192
fóssil 109, 119, 161, 167, 173

garganta 115
gene 40, 43, 49, 119, 124, 169
genealogia 18-21, 23, 45
gênero 16, 68-70, 83, 95-98, 104, 109, 115, 126-127, 129, 161, 201
genoma 41-43, 48-49, 68-70, 87, 119, 123-125, 167-170, 201
glaciação 103, 127, 139, 179
grupos sanguíneos 43
guerra 140-141, 157, 160, 196

haplogrupo 137
hemoglobina 40
hereditariedade 131
hereditário 48, 131
híbrido 201
Holoceno 155-156
homem aumentado 218
Homem de Denisova 101, 201
Homem de Flores 101, 130, 168
homem moderno 117, 119, 120, 122, 124
hominídeo 15, 16, 18, 91-94, 163, 169, 201
hominoide 91
Homo erectus 16, 27, 75, 100-102, 105, 107-108, 112-113, 115-116, 130, 144, 168, 180, 192
Homo ergaster 100, 105, 107-108, 112, 115-116
Homo habilis 16, 27, 96, 99-101, 105, 107-109, 111, 115-116
Homo heidelbergensis 105, 112
Homo rudolfensis 96, 100, 109
Homo sapiens 15, 30-31, 75, 83, 88, 98, 102, 103, 105, 107-108, 127, 129-135, 137, 141, 144, 156, 192, 198, 201, 204
Homo turisticus 195

interglaciar 126

Kenyanthropus platyops 111

lactase 43, 51
laringe 17, 98, 100
leite 43-44, 51, 152

língua 17, 52, 74, 77-80, 85, 88, 100
linguagem 16, 28, 30, 74-75, 85-88, 100-101, 119

macaco 15, 88, 119, 152
mamífero 23, 29, 103, 120, 129, 144, 151, 192
meio ambiente 16, 32, 38, 49, 51, 69, 149, 177, 180, 183, 188, 192, 197, 199-200, 205, 207
melanina 38
mestiçagem 124, 168-170, 195, 201, 204
microbiota 49-50
microscópio 113, 165, 215
migração 115
morfologia 84, 93, 95, 97, 110, 115-116, 124, 162, 164
morte 26, 56, 58-62, 127, 140, 147, 160, 185, 188
Mundo Antigo 127, 135, 180, 183
música 80-81
mutação 40, 42-43

naturalista 35, 83, 87, 100, 143
Neandertal 101, 107-108, 119, 122-125, 135, 144, 165, 168, 170, 201
Neolítico 39, 89, 141, 146, 149-151, 153, 156, 158, 160, 214
neolitização 149-151, 155-157
neotenia 30
neurociência 28
nicho 48
Novo Mundo 136

núcleo 110, 119

Orrorin tugenensis 92

paleogenética 101-102, 168
Paleolítico 141, 143, 146-147, 149, 167
parantropos 109
parentesco 20-21, 29, 54-55, 57-58, 63-67
parto 26-28
patologia 39, 74
pecado original 57-58
pegada ambiental 189-190
período glaciar 126
plasticidade 32, 39
polimorfismo 85
população 38, 46-47, 51, 53, 85, 115, 125, 134, 141, 146, 156, 185-187, 189-190, 198, 204, 213
primata 15, 23, 88, 91, 129
progresso 101-102, 113, 142, 155, 198, 199, 206, 219
próteses 12, 218

quadrícula 172
Quaternário 126, 128
queratina 124

racismo 85, 87
radioatividade 127, 128
ramos evolutivos 104, 107
recém-nascido 26-28, 60, 187, 215
revolução industrial 189
rituais 60, 71, 158

sedentarismo 147, 212
sedentarização 141, 150, 156
sedimento 22, 92, 126-127, 171
seleção natural 38-39, 68-69, 212, 214
seleção sexual 39
sequenciamento 48
sexual 36, 39, 54, 57, 66
sílex 112-113, 128, 164
sistema matrilinear 54, 64
sistema patrilinear 54, 64

teodolito 172
turismo 195-197, 206

ultravioleta 38
úmero 24-25, 93
uniformização 181

violência 140-141, 156, 158

Agradecimentos

O Museu do Homem é um projeto coletivo que reúne um grande número cientistas. A maioria aceitou me seguir na ideia desta obra destinada ao grande público; outros se somaram ao longo do caminho.

Gostaria de agradecer a todos os colegas que aceitaram a difícil tarefa de condensar suas ideias numa linguagem para leigos, e a Christian Counillon (Flammarion), que aceitou dirigir essa aventura.

Espero que o leitor aprecie este livro exuberante tanto quanto eu apreciei editá-lo.

Évelyne Heyer

Créditos das imagens

Apesar de nossos esforços e pesquisas, não conseguimos localizar os detentores dos direitos de todas as imagens reproduzidas neste livro. Qualquer informação pode ser dirigida ao editor.

p. 19-20 e 24: coleção do autor

p. 27: © Zina Deretsky, National Science Foundation

p. 42: fonte: MNHN-Laure Ségurel e Paul Verdu

p. 49: fonte: MNHN-Raphaëlle Chaix

p. 69: fonte: A. Gustafsson e P. Lindenfors, *Journal of Human Evolution*, 2004

p. 79: fonte: MNHN-Franz Manni

p. 84: © MNHN-Daniel Ponsard

p. 92: © MNHN-Brigitte Senut

p. 96: fonte: MNHN-Sandrine Prat

p. 100: © MNHN-JCDomenech

p. 106-107: © associação Semenanjung, desenho de Pascal Hervé

p. 116: © associação Semenanjung, desenho de Pascal Hervé

p. 121: © Michel Soulier/SSAC

p. 125: © MNHN-Daniel Ponsard

p. 131: © Philipp Gunz, MPI EVA Leipzig, Licença: CC-BY-SA 2.0

p. 133: fonte: MNHN-Florent Détroit

p. 138: © MNHN-Martin Friess

p. 145: © MNHN-Daniel Ponsard

p. 150: fonte: Jean-Denis Vigne, CNRS, MNHN. Segundo TRESSET, A. e VIGNE, J.-D., 2011, C. R. *Biologies*, 334, p. 182-189

p. 159: © Fernando G. Baptista/National Geographic Creative

p. 162: © Élisabeth Daynès/LookatSciences

p. 168: fonte: MNHN-Céline Bon

p. 186: fontes: Nações Unidas (alto) e Pison, Rue des Écoles (baixo)

p. 191: fonte: MNHN-Denis Couvet

p. 209: fonte: MNHN-Denis Couvet

Infografia: Laurent Blondel/Corédoc.

lepmeditores
www.lpm.com.br
o site que conta tudo

IMPRESSÃO:

PALLOTTI
GRÁFICA

Santa Maria - RS | Fone: (55) 3220.4500
www.graficapallotti.com.br